POŚWIATOWSKA

we wspomnieniach i inspiracjach

Dla Pani Mareny Bagły z okazji wizyty
w Domu Poezji muzeum poświęconym
pamięci mojej siostry Haliny Poświatowskiej.

Zbigniew Myga

Częstochowa 24. 03. 2019.

Projekt graficzny i ilustracje Lech Majewski

BOSZ

Poświatowska

we wspomnieniach i inspiracjach

Kalina Słomska, Zbigniew Myga

Haśka w Spychowie, 1964

„Czym są pożegnania, przyjacielu? Jeszcze raz obejmuję spojrzeniem ściany, kolorowe kawałki płótna, wystające grzbiety książek na półce. Myślę poprzez narastający w uszach szum. Czy wszystko pozostanie tak samo, kiedy mnie już nie będzie? Czy książki odwykną od dotyku moich rąk, czy suknie zapomną o zapachu mojego ciała? A ludzie? Przez chwilę będą mówić o mnie, będą dziwić się mojej śmierci – zapomną. Nie łudźmy się, przyjacielu, ludzie pogrzebią nas w pamięci równie szybko, jak pogrzebią w ziemi nasze ciała. Nasz ból, nasza miłość, wszystkie nasze pragnienia odejdą razem z nami i nie zostanie po nich nawet puste miejsce. Na ziemi nie ma pustych miejsc"[1].

[1] Halina Poświatowska, *Opowieść dla przyjaciela*, Kraków 2014, s. 123.

Hasiu, Hasieńko...

na ziemi są puste miejsca. Nie zapełni ich nikt i nic, a czas..., czas zaznaczy wyraźnie ich istnienie.

„Życie to chwila jawy między dwoma snami" – mówi nam Prospero w *Burzy* Szekspira. Ty swoje życie wypełniłaś po brzegi możliwości, obdarowałaś nas słowem, niekończącą się opowieścią, w której kolejne pokolenia z takim samym wzruszeniem i zachwytem odnajdują świat, który widziałaś swoimi oczami. Muzyka Twojego serca nie ucichła, nie odeszła razem z Tobą w kolejny Twój sen.

Hasiu.... – pięknie jest myśleć o Tobie. To daje nadzieję. Pięknie jest mówić o Tobie.

Pomysł na tę książkę narodził się podczas jednego z wielu rodzinnych spotkań. Słuchając mojego wuja, Zbyszka – brata poetki – prawdziwej skarbnicy wiedzy o życiu Haśki i całej naszej rodziny, jego opowieści pełnych barw, poczucia humoru, pomyślałam o spisaniu tej historii.

Chcąc dokonać wyboru wierszy, zaprosiłam wyjątkowe osoby ze świata kultury i sztuki, by podzieliły się ze mną i Państwem swoimi refleksjami i ulubionymi wierszami Poświatowskiej.

To były niezapomniane spotkania.

Czułam, jakby Haśka siedziała obok i trzymała mnie za rękę.

W swojej dziennikarskiej wędrówce docierałam do osób obdarzonych niezwykłym talentem, wrażliwością... Z zachwytem odkrywałam przyjazne spojrzenia moich rozmówców, dla których zaproszenie do współtworzenia tej książki było przyjemnością i wyróżnieniem.

Działałam intuicyjnie. W tej delikatnej materii poszukiwań niekiedy jednak natrafiałam na mur milczenia i odmowy. To mnie nie zniechęcało, a spotkania i rozmowy, które się odbyły, stały się wspaniałym doświadczeniem. Zaowocowały one wybranymi dla Państwa wierszami i refleksjami, jak również odnowionymi i nowo narodzonymi przyjaźniami.

Dobrze zapamiętałam sierpniowy dzień w siedzibie Fundacji Wisławy Szymborskiej i pierwszą rozmowę z panem Michałem Rusinkiem, która stała się inspiracją dla kolejnego opowiadania Zbyszka pod tytułem *Czytanka o poetach*, pałac w Nieborowie i wspaniałe spotkanie z panią Wandą Warską i Gabrielą Kurylewicz, Saską Kępę – maleńką kawiarenkę, maleńki stolik i tomik poezji Haśki w towarzystwie Staszka Sojki...

Haśka w ogrodzie, 1955

Pamięcią powracam do warszawskiej Starówki – zawieszonego pod niebem atelier świata zimowych motyli i zapadających w serce rozważań poetycko-filozoficznych z Rafałem Olbińskim. Wspominam klimat domu Małgosi i Ernesta Bryllów, gdzie smak tortu bezowego korespondował z poetyką wypowiedzi Ernesta i jego rozważań o Haśce... jakby siedziała z nami i delektowała się dyskusją, czym jest i była poezja, Kraków – w kolorze i smaku mięty rozmowa z Adamem Zagajewskim..., czerwcową kawę z Anią Marią Jopek i jaśminowo-złotą atmosferę spotkania.
Na koniec – Częstochowa. „Muniek" Staszczyk i nasze wspomnienia, szepty, wywiady i wiosenna wizyta w Muzeum Haliny Poświatowskiej na Jasnogórskiej oraz Muzeum Wyobraźni Tomasza „Senti" Sętowskiego pełne snów poety i mgły – przywoływanie Haśki i jej poezji... „Sweet home" – w magicznej mgle zaklęte miejsce wspaniałych rozmów z Mateuszem Pospieszalskim i Jerzym Kędziorą.

Tak mogłabym wymieniać każdą z niezwykłych rozmów, w czasie których rodziła się ta książka.
Hasiu, Hasieńko... – chciałabym móc posłuchać Ciebie i być przez chwilę w Twoim świecie.
Praca nad tą książką stworzyła rzeczywistą atmosferę Twojej obecności – jesteś, byłaś i będziesz...
Mówią Twoje wiersze, Twój uśmiech, Twoje oczy...
Parafrazując Twój wiersz:
ptaku mojego serca
nie smuć się
nakarmię cię ziarnem pamięci
[...]
fruniesz

Hasiu, Hasieńko... – na ziemi są puste miejsca. Nie zapełni ich nikt i nic, a czas?
Czas zaznaczy wyraźnie ich istnienie.
Kalina Słomska, 15 kwietnia 2015

Haśka pod Częstochową, 1958

Zbigniew Myga
Kotek

Wiosna 1961 roku. Jak zwykle rodzina myślała o wyjeździe na wakacje, oczywiście do Jastarni. Tym razem jednak czekała nas dodatkowa atrakcja. Wiadomość, że Haśka zamierza wrócić ze Stanów, wywołała zmienne uczucia. Z jednej strony cieszyliśmy się, że znowu będzie z nami, ale z rozmów między rodzicami wyglądała niepewność, czy aby dobrze robi. Przecież mogła studiować w Kalifornii, miała zapewnione stypendium na Uniwersytecie Stanforda, a jednak tęsknota za krajem, rodziną, znajomymi – przeważyła. Zdawaliśmy sobie sprawę, że nie ma to wiele wspólnego ze zdrowym rozsądkiem, ale ponieważ nikt się takowego po Haśce nie spodziewał, z niekłamaną radością czekaliśmy na chwilę spotkania.

W Jastarni wynajmowaliśmy pokój u zawiadowcy stacji kolejowej. Bardzo blisko morza, tuż za torami, a właściwie torem, bo był jeden i aż trzy pociągi na dobę, zaczynał się wąski pas lasu, dalej wydmy i plaża. Tuż za peronem zaczynała się ścieżka, na przełaj przez tory, potem trzeba było pokonać dziurę w betonowym płocie i dalej przez lasek złożony z rachitycznych sosenek do przejścia na plażę. W sumie pięć minut drogi. Nasz pokój przypominał trochę salę szpitalną, pięć metalowych łóżek na powierzchni około dwudziestu metrów kwadratowych, szafa, stół i parę krzeseł zagracały go do granic możliwości, ale w końcu w pokoju bywało się rzadko. Nie wiem czemu, ale czy to aura była łaskawsza, czy moja pamięć osłabła, nie pamiętam deszczowych dni.
W końcu nadszedł dzień przyjazdu Haśki. Rano pojechaliśmy do Gdyni, ojciec wynajął pokój w hotelu, by miała gdzie ogarnąć się po podróży, a na dworcu morskim zameldowaliśmy się sporo wcześniej, by razem z tłumem oczekujących obejrzeć wejście „Batorego" do portu. Najpierw staliśmy na nabrzeżu, wytrzeszczając oczy, czy

Z Godotem, 1958

aby ktoś nie dostrzeże jej na pokładzie, a potem przeszliśmy do hali dworca. Odprawa pasażerów ciągnęła się w nieskończoność, a przynajmniej tak mi się wydawało. W końcu po dwóch, a może nawet trzech godzinach Haśka pokazała się na schodach. Pewnie tam nie wolno było wchodzić, ale przebiłem się przez szpaler publiczności i dopadłem Haśkę, która stanęła w połowie schodów i wpatrywała się w tłum. Wyglądała zupełnie inaczej, niż ją zapamiętałem. Przede wszystkim zmieniła fryzurę. Zawsze nosiła długie lekko pokręcone włosy, tym razem obcięta była na krótko i wydawało mi się, że zmalała. Przypominam sobie nawet żółty - chyba - płaszczyk zapięty pod szyję. Resztę ceremonii powitalnej pamiętam jak przez mgłę, wielu różnych ludzi wokół Haśki, a ja dostałem pierwszego w życiu banana i zostałem odstawiony na boczny tor.

Dopiero wieczorem, już w naszym „szpitalnym" pokoju w Jastarni, mogliśmy się nacieszyć naszą siostrą. Wiem, że koniecznie chciałem, by powiedziała coś po angielsku. Właśnie to jakimś cudem wydawało mi się najważniejszym śladem pobytu na obczyźnie. No i najistotniejsze - Haśka przywiozła mi prezent - przedmiot marzeń. Było to radio tranzystorowe firmy „Emerson" - jak na nasze warunki zupełnie cudowne - na dodatek wyposażone w słuchawkę wkładaną do ucha. W porównaniu z „Szarotką" - dostępną w Polsce - był to szczyt nowoczesności. Małe, w turkusowym kolorze, zapakowane w skórzany futerał. Służyło mi przez dwadzieścia lat, do chwili, aż zestarzało się technicznie, ale grało do końca.

Nasz gospodarz-zawiadowca poza tym, że przyjmował te marne trzy pociągi na dobę, w wolnym czasie prowadził inną działalność gospodarczą, a mianowicie hodował zwierzaki futerkowe - lisy i norki. Starałem się uczestniczyć w karmieniu, które odbywało się dwa razy dziennie i pomagałem przy robieniu karmy. Świeże ryby prosto z kutra mielone były w olbrzymiej maszynce do mięsa. Zamaszyście kręciłem korbą i nie była to wcale łatwa praca, bo na jeden raz zużywało się cztery wiadra tej rybnej masy, ale w tej całej sprawie nie są istotne norki, tylko koty, które w sporej liczbie kręciły się pod nogami i skrzętnie wyjadały wszystko, co spadło na podłogę. Koty żyły sobie właściwie na własną łapę, nikt z domowników się nimi nie interesował, nie głaskał, nie dotykał, były po prostu dzikie, mimo że wychowane wśród ludzi. Haśka, która, jak powszechnie wiadomo, była miłośniczką kotów, upatrzyła sobie szczególnie urodziwego kociaka. Około trzymiesięczny, czarny jak smoła - dosłownie szczyt kociej urody. Koniecznie chciała zawrzeć z nim bliższą znajomość, ale kociak nie miał na to najmniejszej ochoty, uciekał co sił w łapkach. Rozpoczęło się regularne polowanie, w którym udział brali siostra Małgorzata, kuzyn Andrzej, dzieci gospodarzy i oczywiście ja. Wszystkie metody - takie jak polowanie z nagonką, na przynętę, łapanie w sieć - były nieskuteczne. Kociak był niezwykle sprytny i pomysłowy. Zagoniony do łazienki, potrafił tak wcisnąć się pod wannę, że nijak nie dało się go wydobyć. Mniej więcej po tygodniu usiłowania zostały uwieńczone sukcesem. Kocię wlazło do worka zwabione kawałkiem ryby. Siostra Małgorzata z kuzynem Andrzejem przynieśli zdobycz do pokoju, gdzie reszta rodziny jeszcze wylegiwała się w łóżkach. Małgorzata z wyrazem triumfu w oczach wysypała zawartość worka na pościel Haśki. Mała czarna maksymalnie wystraszona kulka najeżyła się od pyszczka po koniec ogonka i trwała w bezruchu. Haśka wyciągnęła rękę, a kociaczek bezceremonialnie ugryzł ją w palec. Kocie ząbki przebiły paznokieć na wylot. Krew się leje, Haśka z wrzaskiem wykonała skok na moje łóżko, rodzice rzucili się na ratunek. Za chwilę matka miała pogryzione ręce, ojciec również, Małgorzacie i Andrzejowi też się dostało. Tylko ja wyszedłem z tego bez szwanku. Kociak dostał szału - gryzł i drapał wszystko, co stanęło mu na drodze. W końcu wlazł pod szafę i znieruchomiał w najczarniejszym kącie. Kiedy ojciec usiłował odsunąć szafę spod ściany, kot przemieszczał się wraz z nią, a chyba nie trzeba dodawać, że nikt nie chciał zaryzykować zbliżenia ręki do kociej paszczy. Dopiero po półgodzinnych zabiegach udało się go wypłoszyć spod szafy i wymieść z pokoju za pomocą szczotki na długim kiju. Dodam, że cała operacja musiała być przeprowadzona delikatnie, żeby, nie daj Boże, włos z kociego ogona nie spadł, bo dopiero wtedy byłoby w domu prawdziwe piekło. Do końca wakacji rodzina chodziła oplastrowana, a domowe dzikie koty wiodły spokojny, niczym niezmącony żywot.

Halina Poświatowska [list do matki]

[Yonkers] 4(?) IX 1958

Kochanie!

[...]

Nie powinnaś się ani przez chwilę martwić o mnie – bo oni to robią wszyscy tutaj i wręcz nachalnie – jak gdyby cierpieli na nadmiar niewyładowanych chrześcijańskich, ojcowskich uczuć. Kapitalni od początku do końca. Przyjechał Jurek[2] – dopiero wczoraj – bo mu samolot po drodze chciał się popsuć. Rzeczywiście, miły chłopak – ale bardzo pewny siebie i świata. O Polsce mówi negatywnie, ogólnikami – na ogół ojczyzna przedstawia mu się jako kopia jego własnej rodziny – psułam mu to trochę i nawet był zdziwiony, że śmiem temu i owemu zaprzeczać. Dzisiaj mają przyjść z Anitą[3] za jakieś pół godziny na kolację do cioci Hani. [...]

Wczoraj byłam u Wittlinów – przez całe trzy godziny gadałam na głos wiersze – było wspaniale – móc się wygadać, i to do rymu. Aha, jestem wściekła na Ciebie, Kochanie – bo z jakiej racji wspaniałomyślnie rozdajesz moje książki. To o tych, które dałaś Jurkowi. Masz natychmiast iść i kupić, i uzupełnić luki w bibliotece – Gałczyński i Tuwim to nie czekoladki i nie wypada nimi częstować [...]. Ulżyło mi. Więc Was ściskam – po kolei. Ciebie, Ojca, Margosię, Zbyszka, kota, Baryłkę.

Halina

[2] Jerzy Bigosiński – kuzyn Halin Poświatowskiej, starszy od nie o kilka lat syn siostry ojca; uczestnik powstania warszawskiego, wywieziony do obozu jenieckiego na terenie Niemiec, po wojnie nie wrócił do kraju, lecz wyjechał do rodziny, do USA, gdzie osiadł na stałe.

[3] Żona Jerzego Bigosińskiego, z pochodzenia Szwajcarka.

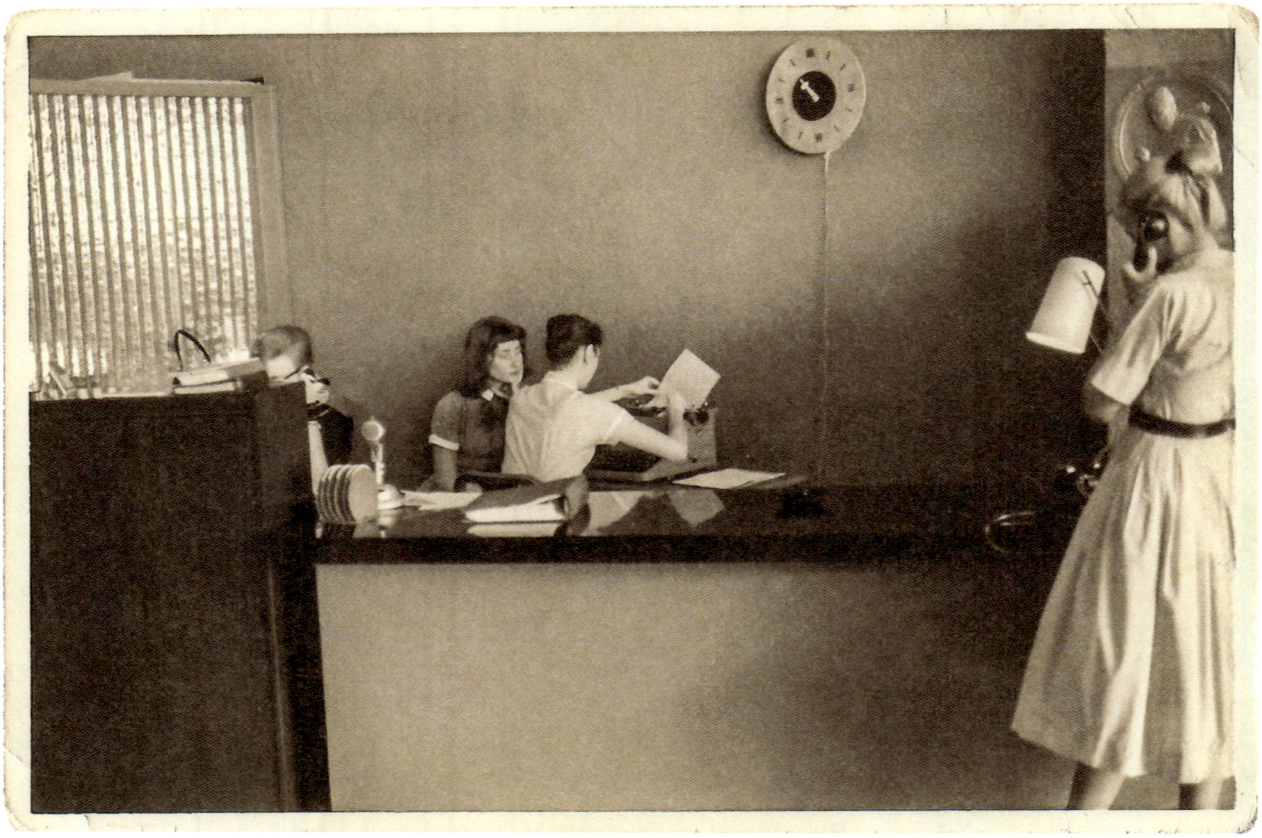

W Emigration pytają Haśkę, jakiego jest wyznania, 1958

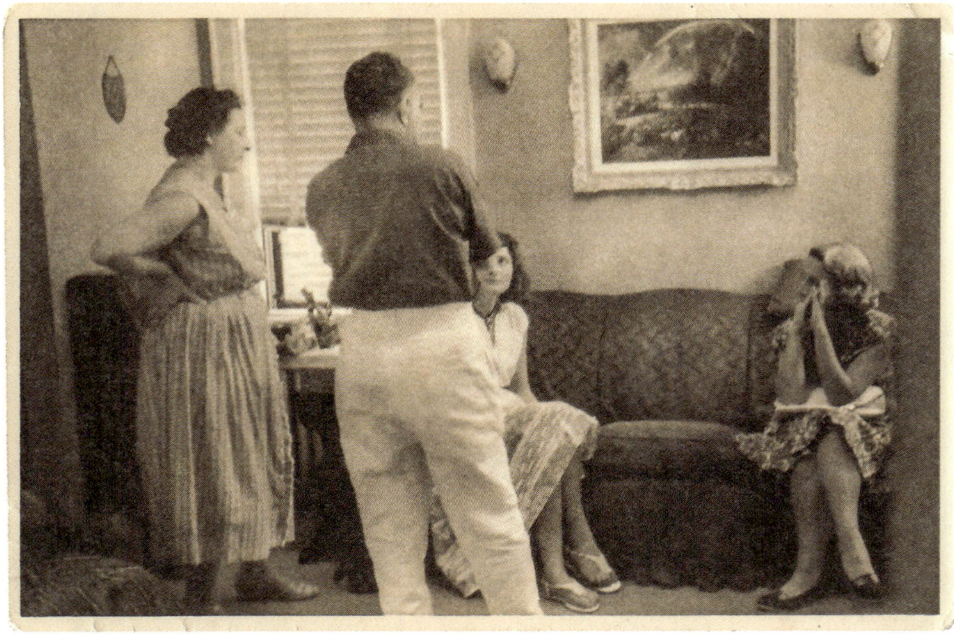

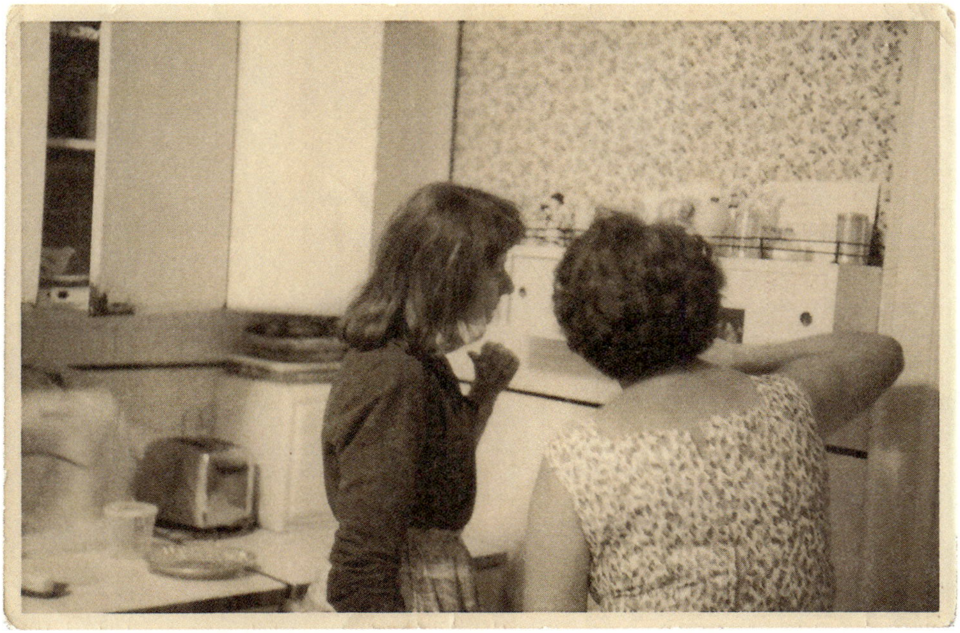

U wuja Fiodorowicza
z ciotką Hanką, 1958

Halina Poświatowska

podróż pociągiem osobowym

mała siostra podróżuje teraz przez życie
uśmiecha się do niej rudy konduktor stojący na
stopniach wagonu
on ma żonę i czworo dzieci nigdy niesytych
a głód który mu drąży trzewia podobny do ich głodu
żarłocznie patrzy na małą siostrę pan konduktor
każę jej się przesiąść do następnego wagonu

następny wagon jest dla niepalących
siedzi tu kilku staruszków wydaje się że drzemią
myślę – tu będzie bezpieczna rozglądam się gdzie
ją posadzić
gdy wtem chwytam spojrzenie spod
półprzymkniętych powiek
wymierzone w jej dziecinne ramiona i szczupłą szyję
nie – mówię – tu zbyt duszno chodź znajdziemy
miejsce dalej

ciągnę już wzdłuż korytarza zadyszaną zmęczoną
robi się tłoczno w przedziałach już wszystkie
miejsca zajęte
mężczyźni wsparci na oknach palą papierosy
czytają gazety
kobiety poprawiają włosy ich suknie wilgną od potu
stajemy pośród tłumu niepodobna przepchnąć się dalej
słyszę że pociąg rusza i w biegu skaczę ze stopni

mała siostra odjeżdża milknie stukot kół...

Ernest Bryll (ur. 1935) – poeta, pisarz, tekściarz, tłumacz, krytyk filmowy. Zadebiutował w 1958 roku tomem poetyckim *Wigilie wariata*. Autor ponad czterdziestu tomów poetyckich oraz dramatów, oratoriów, sztuk telewizyjnych i tekstów piosenek wykonywanych m.in. przez Marylę Rodowicz, Jerzego Połomskiego czy zespół Myslovitz. Członek Stowarzyszenia Pisarzy Polskich, polskiego i irlandzkiego PEN Clubu oraz Society of European Culture. W latach 1974–1978 był dyrektorem Instytutu Kultury Polskiej w Londynie, przez kilka lat pracował jako kierownik literacki Teatru Telewizji oraz Teatru Polskiego w Warszawie, a w latach 1991–1995 piastował urząd ambasadora Rzeczypospolitej Polskiej w Irlandii. Laureat Nagrody im. Władysława Broniewskiego (1964) i Nagrody im. Stanisława Piętaka (1968) w dziedzinie poezji. Odznaczony Krzyżem Komandorskim Orderu Odrodzenia Polski (2006) i Złotym Medalem „Zasłużony Kulturze *Gloria Artis*" (2010). Poeta wybrał wiersz *podróż pociągiem osobowym* z tomu *Oda do rąk*.

Ernest Bryll o...

Dlaczego na przykład ja lubię ten wiersz? Jest pewnego rodzaju legenda w sprawie poezji Haliny Poświatowskiej, która preferuje swoistego rodzaju typ, że jest to taka piękna kobieta, pisząca piękne wiersze, naznaczona jakby cieniem śmierci, ale to moim zdaniem zamyka poetkę – bardzo dobrą poetkę – w pewnego rodzaju klatce wyobrażeń, w legendzie, która bardzo jej pomogła, jeśli chodzi o popularność, ale przeszkadza jak każda klatka, o ile chodzi o różnorodność poezji. Ona pisała więcej niż to, co ludzie powszechnie sobie wyobrażają – była to taka ładna kobieta, naznaczona stygmatem śmierci, a jednocześnie poetka uczucia, poetka miłości, poetka pewnej niezwykłej erotyki i piękna. Wybrany przeze mnie wiersz opowiada niby banalne zdarzenia.

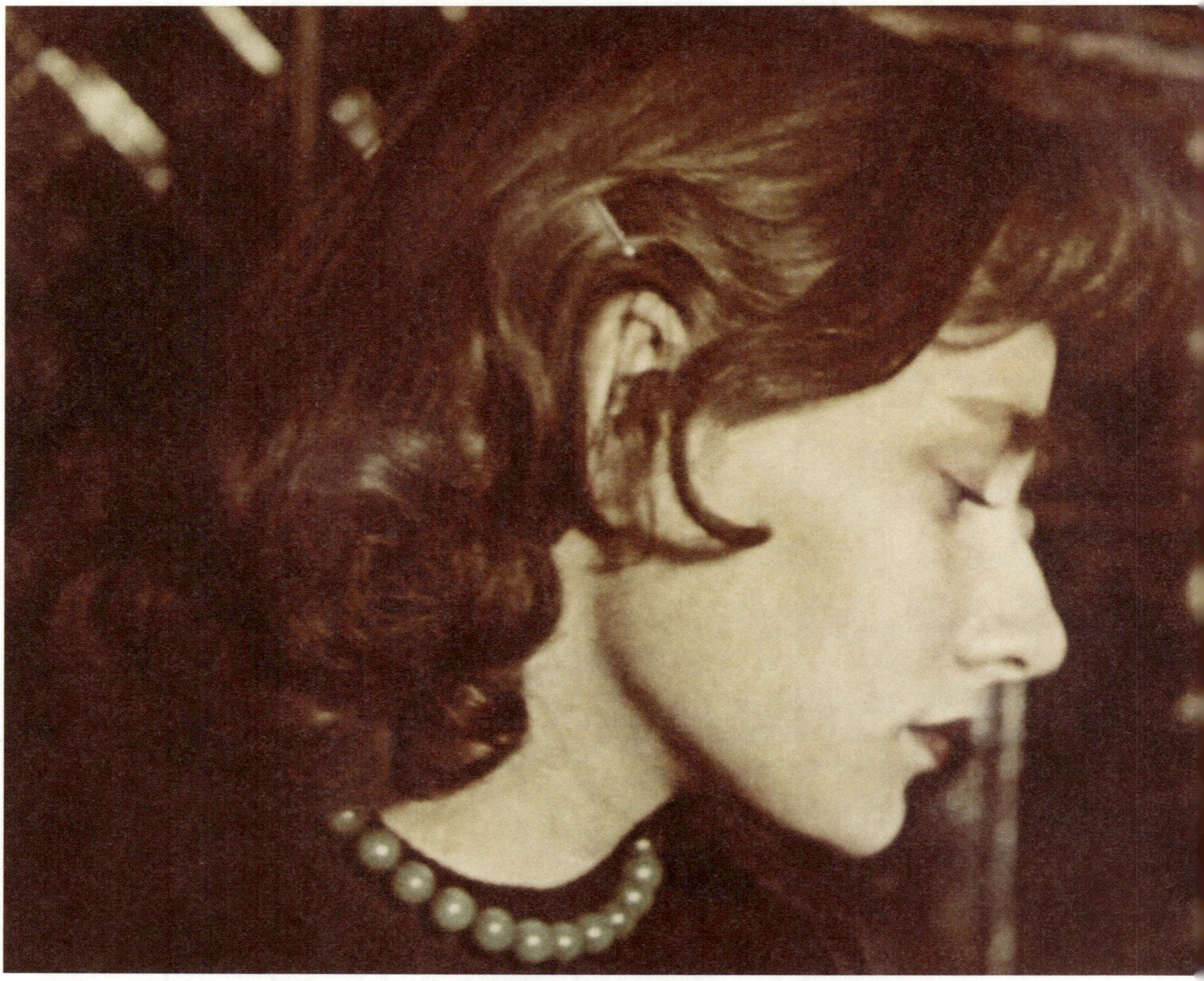

Haśka odprowadza małą siostrę na pociąg, a tam dzieje się taka historia, którą ja ogromnie lubię, że ten pociąg jest realny, a jednocześnie jest pewnego rodzaju metaforą – gdzie jedzie ten pociąg? Dlaczego ona o siostrę się boi, dlaczego w tym zatłoczonym pociągu, gdzie jeśli są gdzieś wolne miejsca, to są to miejsca niebezpieczne? Dlaczego w końcu kończy to się tym, że kiedy upchała swoją siostrę, sama musi wyskoczyć z tego pociągu? A siostra odjedzie właściwie niezaopiekowana. Ma świadomość, że ją zostawiła w trudnej sytuacji. To wszystko znaczy więcej niż tylko opis odprowadzenia siostry na dworzec. To dotyka spraw życia i śmierci – nas i o nas, to my w życiu musimy gdzieś wyskoczyć, kogoś zostawić, ktoś odjeżdża, o którego nie

Haśka, 1955

mogliśmy zadbać, choć tak bardzo się staraliśmy. Ale dla mojego pokolenia jest to jeszcze obraz tych pociągów, w których brakowało miejsc, na które się czekało i z których się wyskakiwało. Mówię o tym, bo to bardzo we mnie jest. Przez długi czas nie lubiłem jeździć pociągami, bo dworzec jawił mi się zawsze pełen niepokoju. I my tak właściwie w życiu gdzieś mamy jechać, gdzieś wskakujemy, kogoś odprowadzamy, kogoś mamy powitać, a może my już mamy zawsze zostać tutaj. To jest tak, jakbyśmy zostawiali kogoś w pociągu, kto pojedzie w życie dalej – a my z niego musimy wyskoczyć w biegu, wprawdzie w ostatniej chwili, ale musimy i zostawiamy tego kogoś kochanego przez nas, a on jedzie dalej w życie i kiedyś może kogoś innego będzie odprowadzał.
Halina Poświatowska... rzeczywiście ja jej nigdy nie spotkałem. Moi koledzy byli nią zafascynowani – jak Staszek Grochowiak, Tadek Śliwiak. Ja, w zasadzie w tym czasie, kiedy oni chcieli być i byli poetami, miałem poczucie, że coś mnie męczy i każe mi pisać, ale wolałem szukać miejsca, żeby być na przykład dziennikarzem, w związku z tym nie ciągnąłem do tych środowisk literackich. Nie ciągnęło mnie do Krakowa, bo już sam przyjazd do Warszawy był dla mnie tak trudny i tak fascynujący, tak najeżony kłopotami... i tak to życie bardzo ważne mi przeleciało. A dlaczego żałuję – bo może gdybym lepiej to zrozumiał, może troszeczkę wcześniej doszedłbym do czegoś lepszego w poezji. Mnie się wydawało, że poezja jest nie wiadomo po co, ma coś załatwiać, ma czegoś nauczać, a Haśka była osobą, która pisała poezję jak polny ptak, tak sama z siebie. I może to by mi wtedy pomogło, bo bym się uwolnił z tego gorsetu wyobraźni, czym ma być poezja. Poza tym dużo o niej słyszałem. Wiele opowiadał o niej Staszek Grochowiak, który dawał temu wyraz w wierszach. Był nią – Halszką – niebywale zauroczony. To była jakby miłość, ale miłość poetycka, bo nie wiadomo było, co w niej dokładnie kochał. Odnosił się erotycznie do jej wierszy i była to niebywale ważna dla jego poezji osoba. Wydaje się to dzisiaj dziwne, bo znowu dzisiaj Staszek został też upchnięty w takie pudełko turpisty, który szukał rzeczy brzydkich, drążył w trzewiach rzeczywistości. A Halszka... to zupełnie coś innego.

Drugim takim poetą był Tadek Śliwiak, który wyraźnie strasznie się w niej podkochiwał, przeżywał ciągle jej życie na nowo i jak opowiadał, widać było, że czuje się strasznie zraniony tym, że ona kocha kogoś innego, wychyla się z okna swojego życia do kogoś innego, a nie w stronę Śliwiaka, który tak strasznie ją kochał. Nie wiem, jak tam było, ale to był ciągle powracający refren. Często opowiadał o niej i miał jakiś taki żal do życia, do tego, jak to życie obeszło się z Halszką. Miał też żal do Halszki, ponieważ uważał, jak to człowiek zakochany, że zmarnowała trochę siebie przez to, że tak głupio się kochała w innych. Śliwiak irracjonalnie wierzył, że gdyby jego kochała, to by po prostu była zdrowa, wesoła, szczęśliwa. To było bardzo wzruszające i ja tych opowieści słuchałem zafascynowany. Ale i Staszek Grochowiak coś takiego miał – wierzył, że gdyby ona jego kochała, to i on byłby bardziej szczęśliwy, może zupełnie inny. Żałuję, że ja się z Haszką minąłem. Ale może lepiej, bałem się śmiertelnie każdej artystki, a poetka to już katastrofa, no bo to znaczy – ja próbuję coś pisać – ona próbuje, ona pisze w jedną stronę – ja piszę w drugą, i co? Mamy czytać sobie swoje wiersze? – Nie, nie. Ja chciałem dziewczyny, która by mnie rozumiała i podziwiała, bo kobiety są fantastycznymi odbiorczyniami poezji. Mężczyźni to zawsze w swojej ocenie powiedzą – „Ja bym to lepiej napisał!!!".

Haśka i Tadeusz Śliwiak, ok. 1962

Kobiety potrafią docenić nas powyżej naszych możliwości, a poetka nie może docenić nikogo, jeśli sama pisze, i może dlatego wszelkie miłości poetów z poetkami źle się kończyły. Poza tym była o niej legenda, że jest kobietą niebywale pociągającą, ma szczególny urok i czar. Staszek Grochowiak opowiadał o tym, a nawet napisał o tym wiersz.

Stanisław Grochowiak
Halszka

W niewielkim pokoju na Krupniczej
Ujrzałem dziewczynę wśród książek.
Nie była ładna - była na to zbyt Piękna,
Nie była tkliwa - była na to zbyt Czuła.

Nosiła się z angielska -
I ten zimny strój
Oblekał również Jej dłonie w rękawiczki chłodu.
Studiowała filozofię -
I ten ciemny dom
Osaczał Jej gesty nawet w ptasich gąszczach.

Długich chwil milczenia
Żądała od przyjaciół,
Aby zamiast śmiechu - który tak przerażał -
Jej mowa jedyna: smak piołunu i malin,
Stała się jawna.

A potem długo
Przez Planty, przez śnieg
Szliśmy za wysokim woalem Jej ciepła -
Bezwolni jak chłopcy, których nigdy przedtem
Nie owiał zapach matki.

Doprawdy, Szlachetni, nie to jest rozpaczą,
Iż zapominamy naszych pięknych zmarłych.
Śmiertelny smutek,
Rozłąka jest w tym,
Iż Oni o nas wcześniej zapomnieli[4].

[4] Stanisław Grochowiak, *Hals* [w:] tegoż, *Wiersze wybrane* Warszawa 1978, s. 272.

To dawało takie poczucie, że naprawdę była niezwykła. Bo pięknych kobiet jest dość dużo, tylko jest bardzo mało takich, które są niezwykłe. Pewnie dlatego bym się bał, bo by nade mną dominowała. Jej poezja dla mojego pokolenia miała bardzo duże znaczenie, bo my szliśmy w różnego rodzaju strony, natomiast chyba nikt nie umiał, poza nią, iść w jedną - i jak wolny ptak pisać tę poezję, a jednocześnie „nie bebłotać" się ciągle w zagadnieniu - ja kocham jego - czy - on kocha mnie.
Dużo jest dobrych poetek, które krążą tylko wokół tych zagadnień, i to tworzy poezję dobrą - ale nie pełną.
Halszka była inna.
Ona w swojej poezji widzi wszystko.
Jak prawdziwy człowiek - nie tylko zakochana dziewczyna - pisała jak wolny ptak.

Haśka na „Batorym", 1961

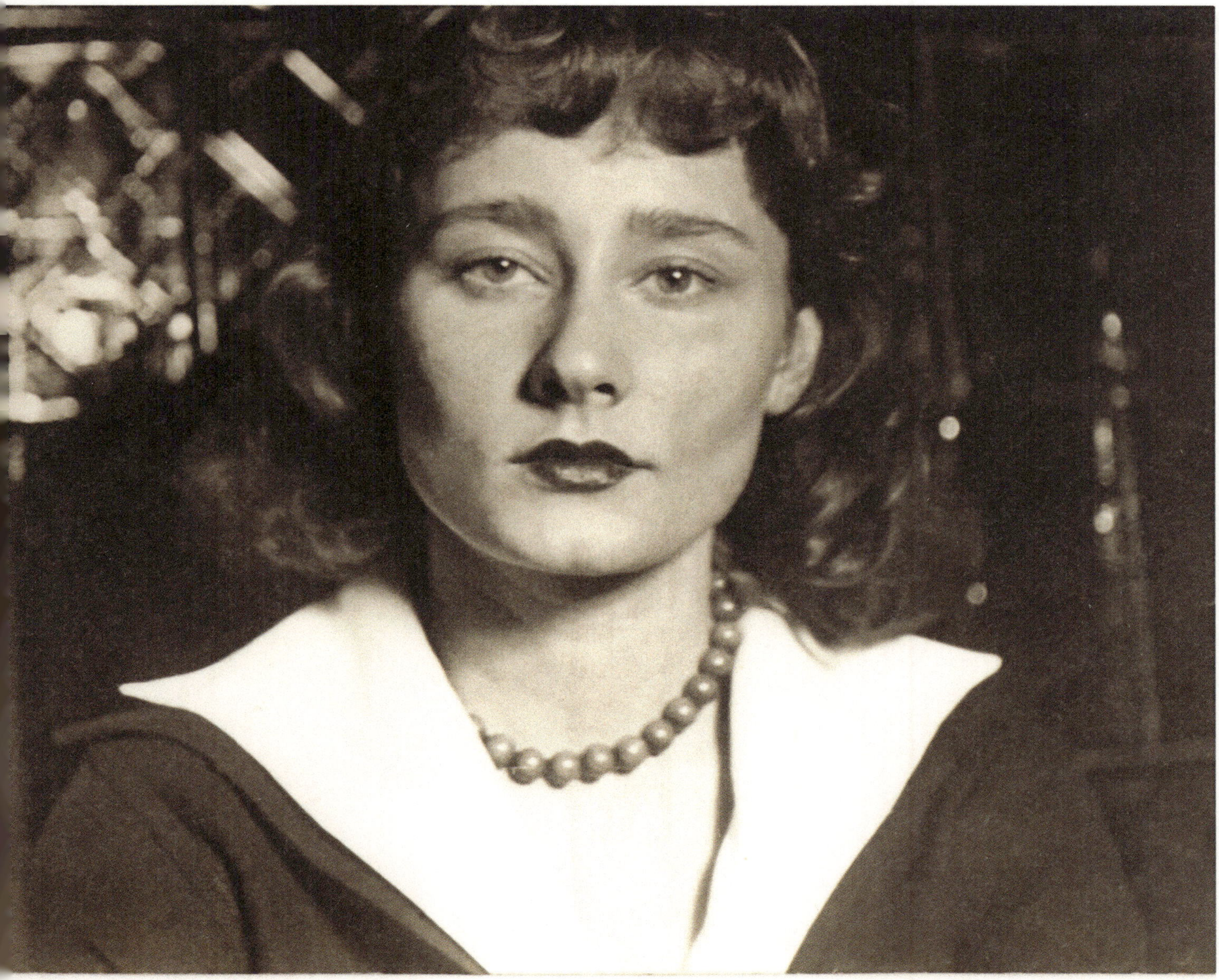

Haśka przed wyjazdem na operację do Stanów Zjednoczonych, 1958

Halina Poświatowska
Tańcząca Nina

dlaczego umarła Nina
na strychu pośród mokrych prześcieradeł
okręciła szyję
sznurkiem od bielizny
jeszcze patrzyła przez niewielkie okno
gdy przyszła śmierć
fioletowa - złota
złota - fioletowa jest samotność
umarła Nina
nie żyje

nietoperz przysiadł na włosach
w puste oczy zagląda - myśli
człowiek - myśli
a to Nina umarła
na sznurku od bielizny zawisła

kiedy biodrem jedwab potrąca
patrzą na nią i ściskają pięści
mężczyźni o chmurnych mięśniach
o twarzach jak negatyw słońca
które światłem rozbłyśnie
zalśni

na wysokich obcasach wspięta
w powietrzu na palcach
idzie i trzyma w rękach
jakiś śpiew jakiś wiatr
na palcach wspięta
tańczy
piersi
każda osobno
głębiej
wycięty trójkąt serca
kręte drogi krwi

Zygmunt „Muniek" Marek Staszczyk (ur. 1963) - współzałożyciel, lider, wokalista i autor tekstów rockowego zespo T.Love. Przed założeniem wspomnianej grupy „Muniek" grał z innymi zespołami, m.in. częstochowskim Atakiem, nazwanym później Opozycją, i Szwagierkolaską. Jego charakterystyczny głos jest jednym z symboli polskiej muzyki rockowej. Nagra razem ze swoim zespołem kilkanaście płyt spośród których większość zyskała miano złotych - przebojami stały się takie pioser jak *King*, *Stokrotka*, *Chłopaki nie płaczą*. Pacyfista, wspierający działania antywojer i charytatywne. Członek Akademii Fonograficznej oraz ZPAV. Nagrodzony za ćwierćwiecze pracy twórczej Mateuszem, statuetką przyznawaną przez Program III Polskiego Radia. Odznaczony Krzyżem Kawalerskim Orderu Odrodzenia Polski (2011). Na muzyku największe wrażenie zrobił utwór *Tańcząca Nina* z tomu *Hymn bałwochwalczy*.

odpływa
przypływa
wygina szyję

biodra
rozkołysane senne
biodra
wstające wiecznie
i wiecznie
zasypiające
w tym samym ruchu
brzuch
opowieść o brzuchu
uniesiona ciemna
głos
głos który wabi
głos który odpycha
głos który mięśnie napręża
opowiada o smagłej powierzchni ciała
o nagłych przegięciach skrętach
zdławiony milionem pocałunków
łkający zwierzęcy
głos

usta wypukłe
sukienka wzdęta
ręce zaciśnięte
usta otware – ręce
i stopy stopy – właśnie
jak duszny wąski sen

tańczy Nina na sznurku
na zwykłym
nie żyje Nina i czemu
tak piekną ma szyję
takie nogi jak słowa refrenu
je t'aime

„Muniek" Staszczyk o...

Nie chciałem wybierać typowych erotyków, z których Halina Poświatowska słynęła – to był taki jej znak firmowy. Przepiękne są te wiersze, dużo w nich jest lekkości, uczuć o takiej eteryczności. Ale wiersz *Tańcząca Nina* urzekł mnie, bo zaatakował z takiej strony eschatologiczno-seksualnej, powiedziałbym, że to pachnie Różewiczem lub Grochowiakiem. To połączenie obrazu młodej kobiety i takiej personifikacji połączenia śmierci z ciałem kobiecym, seksem – działa na czytelnika niezwykle erotycznie. Pojawiają się tam w tle męskie spojrzenia... Taki wiersz bardzo zmysłowy inaczej. Po prostu widzę taki obraz, taki nastrój – przedwojennego podwórka. Nie wiesz, czy jest to Częstochowa, czy jest to Kraków. Określenie, gdy przyszła śmierć fioletowa – złota, powiem szczerze, nie spotkałem się z takim określeniem śmierci. Ona miała taką wyobraźnię zmysłowo-kobiecą, facet by napisał inaczej o śmierci.
Przepiękne stwierdzenie „kiedy biodrem jedwab potrąca", też mocno erotyczne – działa na wyobraźnię – „patrzą na nią i ściskają pięści/ mężczyźni o chmurnych mięśniach/ o twarzach jak negatyw słońca/ które światłem rozbłyśnie/ zalśni" – to bardzo, bardzo erotyczny obraz, ściśle połączony z ostatecznością, jest ciało kobiety, jest dramat, to obraz wyjęty z twórczości Felliniego lub Brunona Schulza. Mężczyźni obserwują z pożądaniem kobietę, która idzie ulicą – mnie się to kojarzy z przedwojenną Częstochową, którą znam tylko z albumów. Mnie zachwyca ta zmysłowość trochę inaczej, to kobieta pisze o kobiecie, kobieta, która zna ciało kobiece, i jest to nie wyznanie do kobiety, ale opis sytuacji... obrazu.

[...] biodra
rozkołysane senne
biodra
wstające wiecznie
i wiecznie
zasypiające
w tym samym ruchu
brzuch
opowieść o brzuchu
uniesiona ciemna [...][5].

[5] Halina Poświatowska, *Wszystkie wiersze*, Kraków 2015, s. 11.

Fantastyczna rytmika i cały rytm tego wiersza ma bardzo ukryty puls, szalenie awangardowy, odważny, tu wszystko jest doskonałe – obraz, słowo są nieprzewidywalne.
Taki tekst mogła napisać tylko kobieta. Kobieta czująca seks i miłość. Jest w nim dużo biologii, ale także elegancji i perwersji. Ja to widzę – oczami wyobraźni. Ten wiersz przedstawia obraz świata, który już w zasadzie minął, ale tu nie chodzi nawet o świat, chodzi o emocje – absolutnie mogłaby to przeżywać dziewczyna dzisiaj. Myślę, że spokojnie mogłaby ten wiersz zaśpiewać mocno awangardowa piosenkarka. Różne bieguny – zarówno Kasia Nosowska, jak i Marysia Peszek. Widzę to!
Majstersztyk słowa, dużo emocji niebanalnej i świetne obrazy – ja lubię takie klimaty. Ja lubię takie dosyć mroczne klimaty, nie dlatego, że jestem megamroczny, ale jak jest mroczność połączona z erotyką, to jest to absolutnie ludzka strona mocy. No, zaskoczyła mnie, ten wiersz walnął mnie w łeb.

Kalina Słomska

Rozmowa z „Mufikiem" Staszczykiem o...

K.S.: Jak odbierałeś poezję Haliny Poświatowskiej kiedyś i teraz, kiedy do niej wróciłeś?

„M".S.: Z poezją Haliny Poświatowskiej zetknąłem się w liceum, bo jak dobrze wiesz, mieliśmy świetnego polonistę Mariana Kucharskiego w LO im. H. Sienkiewicza i sporo rozmawialiśmy o literaturze i poezji.

K.S.: Czy fakt, że Poświatowska urodziła się i mieszkała w tym samym mieście co Ty, miał dla Ciebie jakieś szczególne znaczenie?

„M".S.: Wtedy – w czasach liceum – mniejsze, później gdzieś to do mnie wróciło, cały czas podświadomie o tym pamiętałem. Poezja Poświatowskiej wrażenie na mnie robiła zawsze, ale wtedy byłem twardo zapatrzony w męskie widzenie świata, wiersze Broniewskiego, Tuwima bardziej mnie kręciły, bo były takie: raz, dwa, trzy z karabinu...

Kalina Słomska i „Muniek" Staszczyk, 2014

Poświatowska była zbyt ulotna, a ja jako młody chłopiec zbuntowany, nie mogłem wtedy jej docenić. Muszę się przyznać, że spotkanie z Tobą i praca nad tą książką stały się przyczynkiem, aby do tej wspaniałej poezji wrócić i w niej się zagłębić. A poza tym bardzo mi się podobała i podoba jako kobieta. Po prostu mnie kręciła. Ta piękna jej postać na ławeczce w Częstochowie zawsze mnie zachwyca, ilekroć tam jestem. Teraz czuję takie ziomalstwo. Wizyta w Muzeum Haliny Poświatowskiej była wielkim przeżyciem. Jej poezja jest dla mnie niezwykła, bo niezależnie od płci działa na zmysły kobiety i absolutnie na zmysły mężczyzny. Może to zaśpiewać facet, na przykład Staszek Sojka – fantastycznie, nie wiem, może ja się kiedyś rzucę na tę poezję – jak znajdę muzykę. Czytając te wiersze, myślałem o tym, że bardzo chciałbym taką klamrą zapiąć i nagrać jakiś wiersz Haśki. Czuję, że powinienem to zrobić. Ta nasza wizyta w domu, gdzie żyła i pisała, gdzie odrodziła się nasza przyjaźń – to jest taki palec boży i widzę w tym jakiś artystyczny sens. Myślę, że jestem w stanie zrobić ten projekt, jestem przekonany, że to zrobię, że ten moment nadejdzie.

Zbigniew Myga
Cała reszta kotów i... psów

Koty w domu były zawsze. Jak tylko sięgnę pamięcią, to jakieś miauczące stworzenie pętało się po domu, nie mówiąc oczywiście o kotach bezpańskich, których spora populacja żyła w okolicy, a że wszystkie jakimś cudem wiedziały, że są lubiane, więc nasz ogród traktowały jako bezpieczny azyl. Pierwszym kotem, którego zapamiętałem, był Mateusz. Przeogromny kocur, a może normalny – tylko wydawał mi się wielki – w końcu miałem rok, więc byłem niewiele większy. Mateusz zginął śmiercią tragiczną, zgubił go pociąg do wycieraczki przed drzwiami sąsiada, którą uporczywie obsikiwał. Został oblany kwasem solnym i, niestety, trzeba go było uśpić. To smutna historia, ale w trosce o prawdę historyczną musiałem o niej wspomnieć.

Kolejnym domowym futrzakiem była kocica Miszka. O ile dobrze pamiętam, była biała w czarne łaty albo odwrotnie, ale chyba biały kolor przeważał. Wraz z Miszką pojawiły się w domu kocięta w dużych ilościach, dwa mioty rocznie po cztery do sześciu osobników. Oczywiście wszystkie musiały być ochrzczone, należycie odchowane i w końcu wydane – koniecznie w „dobre ręce". Byłem już wtedy poważnym, bo trzyletnim facetem, a w domu pojawił się nowy członek rodziny, Adolf Poświatowski. Postać męża Haśki wiąże się luźno z losami kocicy, ale zapamiętałem jego uczestnictwo w obrzędach chrzcielnych celebrowanych w ogrodzie. Sam nie wiem, jakim cudem zapamiętałem imiona kociąt, które przyszły na świat wiosną – chyba 1955 roku – Królak, Zulejka,

Z Baryłką, 1955

Sudzuki i Hakrawati. Królak od Stanisława Królaka, naszego świetnego kolarza odnoszącego sukcesy w Wyścigu Pokoju, niestety, etymologia pozostałych imion jest nadal dla mnie zagadką.
Miszka zasłynęła jeszcze jednym spektakularnym występem, o którym warto wspomnieć. Wokół ogrodowej altanki rosły – uwielbiane przez Haśkę – bzy. Było tego sporo w kilku odmianach: różowe, fioletowe, dubeltowe i zwykłe. Ilość kwiatów znacznie przewyższała potrzeby domowe, a szkoda było patrzeć, jak więdną na drzewie. Haśka z Adasiem (tu wyjaśnienie – imię Adolf z oczywistych przyczyn w kilka lat po wojnie źle się kojarzyło, więc mąż mojej siostry został dla potrzeb rodzinnych przechrzczony na Adasia i tak go zapamiętałem) postanowili rozkręcić biznes, którego przedmiotem miała być sprzedaż bzowego kwiecia. Adaś – w końcu malarzem będąc – namalował na brystolu plakat, a Haśka opatrzyła go tekstem następującym: „Niech to uwagę twą ubodzie! Bez sprzedaje się w ogrodzie". O dziwo, ludzie zachęceni zjawiskową urodą plakatu przychodzili kupować kwiaty, Adaś właził na drabinę i sekatorem (gdzie tam sekatorem – to były nożyce do rozcinania drobiu) obcinał gałązki z kiśćmi kwiatów, a Haśka formowała z nich bukiety. Pewnego dnia zjawił się facet w towarzystwie owczarka alzackiego, czyli popularnego wilczura. Matka nalegała, by zostawił psa za furtką, mówiąc, że w ganku pod ławką kocica wychowuje młode, więc może być agresywna. Facet, właściciel w końcu dużego psa, uniósł się honorem, mówiąc, że jego pies byle kota się nie boi, i wprowadził ulubieńca na podwórko. To, co się stało w następnych sekundach, do złudzenia przypominało sceny z disnejowskich kreskówek. Kocica zjeżona jak kaktus wystartowała spod ławki, wskoczyła psu na kark, trzema łapami wpiła się w skórę, a czwartą uzbrojoną w pazury tłukła po oczach i nosie. Nieszczęsny wilczur wyrwał smycz z rąk pana i przybrał kierunek ucieczki na ulicę. Z kocicą na grzbiecie pokonał odległość koło stu metrów, zanim pozbył się rozjuszonego jeźdźca. Potem oczywiście awantura. Facet cały w pretensjach, matka z wodą utlenioną i wacikiem usiłowała opatrzyć rozkrwawiony nos, całe szczęście, że oczy ocalały. Miszka dowiodła swojego bohaterstwa, ale facet kwiatów nie kupił.

Miszka mieszkała z nami aż do roku 1960, a potem do domu przybył Godot. Miał być kocurem, ale okazał się jednak być dziewczynką. Znowu zaczęły się problemy z przyrostem pogłowia, a raczej pofutrza. Tym razem obowiązek pozbywania się młodych spadł na moje barki. Brałem kolejnego kociaka na ręce i szedłem w aleje. Oczywiście wszystkie napotkane dzieciaki chciały głaskać, a jak dowiedziały się, że kociak jest do wydania i na dodatek za darmo, natychmiast zaczynały obrabiać rodziców w temacie przysposobienia kotka. Czasami musiałem z potencjalnym nabywcą odwiedzić jego dom i odebrać od rodziców solenną obietnicę, że zwierzak będzie opływał we wszelkie dostatki.

Haśka z Janem Adamskim, Zbigniewem Mygą i Timem, 1965
Z Janem Adamskim i Timem w Częstochowie, 1966

Kotka Godot okazała się być niezwykle długowiecznym kotem. Opuściła nas w sposób naturalny, przeżywszy szesnaście lat. A psy? Oczywiście były. Wspomnę o dwóch, o tyle istotnych, bo stanowiących osobistą własność Haśki. Pierwszym z nich był Józek – owczarek podhalański kupiony za „dychę" od górala na połoninie w Bieszczadach, którego przemianowaliśmy na Klarę, bo okazał się suczką, a drugim cocker-spaniel Timofiej – zdrobniale Tim. Właściwie należałoby się zastanowić, jakim cudem w domu, w którym zawsze były zwierzęta, nie znalazł się nikt, kto by umiał trafnie określić płeć zwierzaka, a tak biedne stworzenie narażone było na stres związany ze zmianą imienia. Klara/Józek nie miała szczęścia, dostała nosówki i mimo uporczywego i kosztownego leczenia opuściła nas przed upływam roku. No cóż, wtedy jeszcze nie było szczepionek, a owczarki podhalańskie w klimacie nizinnym czuły się źle. Natomiast pies Tim został Haśce sprezentowany przez profesora Aleksandrowicza, a pochodził z hodowli profesora Andrzeja Stopki. W rodowodzie miał wpisane imię Palamet, a jego dumnymi rodzicami byli Pucek i Albertyna.
Kilka lat temu, przy okazji porządkowania strychu, znalazłem szczątki koszyka, w którym Tim przybył na Jasnogórską. Wszystkie małe pieski są urodziwe, ale ten pierwszy prawdziwie rasowy był szczególnie piękny. Nawet wśród innych cocker-spanieli wyróżniał się niespotykanym kolorem sierści – białej w intensywnie brązowe łaty. Niestety, z sympatycznego szczeniaka wyrósł samiec alfa. Tim terroryzował cały dom. Był najważniejszy, nie słuchał nikogo i z wielką konsekwencją egzekwował prawo do zajmowania miejsca w moim łóżku. Próby przywołania go do porządku powodowały dziką furię. Bronił się zajadle – warczał, szczekał, szczerzył zęby, a ponieważ u nas zwierząt się nie biło, trzeba go było wziąć razem z kołdrą i wysypać na fotel, który był przyznanym mu mieszkaniem. Tim nie uniknął kłopotów zdrowotnych. Przez całe życie miał, jak inne cocker-spaniele, kłopoty z uszami. Przewlekłe zapalenie leczone było maścią oksyterracynową, a nawet przepisywano mu krople z kokainą. Pamiętam, jakie kłopoty mieliśmy z wykupowaniem tych recept. Koniecznie trzeba było pokazać dowód osobisty i długo tłumaczyć, że zwierzak cierpi i tylko kokaina jest skuteczna.
Tim terroryzował nas przez dwanaście lat, w końcu zachorował na nowotwór mózgu i, niestety, trzeba było go uśpić. Dla porządku muszę jeszcze wspomnieć o trzech innych czworonogach, które towarzyszyły naszej rodzinie. Były to żółta suczka Baryłka, czarna jak smoła Kafka i jej syn, również czarny, Artur. Imię Kafka pochodziło oczywiście od Franza Kafki. Chyba nikogo już nie dziwi, że suczka dostała męskie imię, natomiast mojej pani od polskiego nie dało się wytłumaczyć, że pisanie psiego imienia przez „f" nie jest błędem ortograficznym.

W Rabce, 1955

Z Timem, 1965

Halina Poświatowska [list do Juliana Aleksandrowicza][b]

1 V 1959

Kochany Panie Profesorze!

Wstrętna jestem, że nie piszę częściej, ale w życiu nie działałam tyle, co teraz. Mnóstwo podań, aplikacji – łażenia trochę też – i uczenia cała masa – bo przecież angielski ciągle nie chce być wystarczająco zrozumiały. Dostałam stypendium – nikt, zupełnie nikt się nie spodziewał, że dostanę, i ja sama nie myślałam o tym nawet, a tymczasem przyszła odpowiedź z college'u, i to jednego z najlepszych, że mi przyznali stypendium i że mnie sobie wezmą. Chcą tylko opinii lekarzy – to jedyne ich zastrzeżenie, no, a jeśli chodzi o tę ostatnią, to jestem zdrowa – powiedzmy – prawie zupełnie. I sama czuję, że coś się zmieniło, łazić można – i nawet pod górę – i schody poszły w zapomnienie – i nagle nikt się o mnie nie troszczy poza państwem Wittlin[7] chyba – którym ciągle trudno uwierzyć, że jestem wystarczająco mocna do samodzielnego życia. Więc od października zaczęłabym się uczyć – stypendium obejmuje naukę i internat, i jedzenie – więc wszystko. Do października zaopiekują się mną polskie instytucje w New Yorku. Jest taki Polski Instytut Naukowy[8], do którego skierował mnie również niewyrozumiały trochę, ale zawsze strasznie cudny i dobry pan Wittlin. I oni obiecali, że dadzą mi pieniądze na życie przez te kilka miesięcy[9] i że zapłacą mi taki bardzo forsowny kurs jęz. angielskiego na Columbia University[10]. Jeśli mam się uczyć po angielsku – to mi się niezmiernie przyda. Może też dostanę nieco pieniędzy od Fundacji Kościuszkowskiej[11] – a resztę – mogę sobie przecież zarobić. Gdyby jednak można się tylko uczyć – to wolałabym nie pracować... – także dla tego niezmiernego powodu, że nie cierpię pilnowania dzieci ani sprzątania – a lubię pisać i tylko – i czytać lubię, i nawet gramatykę angielską lubię – chociaż ma tyle idiomów i lubi być zawikłana. Wiosna jest – wszystko kwitnie tak różnie i tak obco – i wygląda ślicznie, i pachnieć nie chce – wcale a wcale. Trudno było, ale już jest lżej – a jeśli uda mi się iść do szkoły, to pewnie uwolnię się od tych wszystkich zależności – i będzie dobrze. Przepraszam, że cały list o mnie – proszę się nie martwić – jestem naprawdę dzielna i rozsądna – to też. Pozdrowienia – mnóstwo –

Halina

[b] Julian Aleksandrowicz (1908-1988) – lekarz internista, hematolog, profesor Akademii Medycznej i kierownik III Kliniki Chorób Wewnętrznych w Krakowie. Autor podręczników prac naukowych oraz książek popularnonaukowych.

[7] Józef Wittlin (1896-1976) – poeta, powieściopisarz, tłumacz od 1939 roku na emigracji, a od 1941 w Nowym Jorku. Prof. Aleksandrowicz i pani Zofia Starowieyska-Morstinowa zainteresowali Wittlina losem Poświatowskiej i prosili o pomoc w zorganizowaniu jej wyjazdu na operację do USA. Po przybyciu poetki do Stanów otoczył ją (wraz z żoną – Haliną) opieką i serdecznością.

[8] Placówka naukowa założona w 1942 roku; mieści się w Nowym Jorku.

[9] Poświatowska otrzymała z Instytutu Polskiego jednorazową pomoc w wysokości 500 dolarów.

[10] Prywatny uniwersytet w Nowym Jorku, założony w 1754 roku; jeden z najstarszych w USA.

[11] Fundacja z siedzibą w Nowym Jorku, założona w 1925 roku w celu popierania polsko-amerykańskich stosunków naukowych; udziela stypendiów młodzieży i naukowcom, popularyzuje naukę, kulturę i historię.

„Jesteś dla mnie szeregiem zielonych liter dźwięczących miło, jesteś płaskim listem..."

W USA, 1960

Halina Poświatowska
Nad Heloizą

Heloiza nie była grzeszna
Heloiza nie miała welonu
Heloiza nie spała w rzece

obnosiła swoją złotą nagość
po zakurzonych ulicach
wielkie sosny – umarłe przed nią
śpiewały: – hosanna hosanna

Heloiza – zielona łodyga
Heloiza – zalążek kwiatu
Heloiza – smagła czereśnia
przyklękła pod ciężarem plonu

hosanna – krzyczeli – hosanna

potem wzięli Heloizę białą
ubrali w biały welon
i w smutnej utopili rzece

Heloizy złote obłe ciało

– hosanna –

Adam Zagajewski – poeta, eseista, prozaik, przedstawiciel pokolenia Nowej Fa nauczyciel akademicki, tłumacz literacki. Sygnatariusz *Listu 59*, od 1976 roku objęt zapisem cenzury, w latach 1982–2002 na emigracji we Francji, od 1983 redakto „Zeszytów Literackich". Laureat Nagrody Fundacji im. Kościelskich (1975) i Międzynarodowej Nagrody Neustadt w dziedzinie literatury (2004). Członek Związku Literatów Polskich, polskiego PEN Clubu oraz Polskiej Akademii Umiejętności Uhonorowany Krzyżem Oficerskim i Komandorskim Orderu Odrodzenia Polski (2007, 2012). Poeta wybrał wiersz *Nad Heloizą* (Heloiza nie była grzeszna...) z tomu *Hymn bałwochwalczy*.

Adam Zagajewski o...

Nad Heloizą (Heloiza nie była grzeszna...) to wczesny wiersz Haliny Poświatowskiej z tomu *Hymn bałwochwalczy*. Poezja Haliny Poświatowskiej czytana po latach nic nie traci ze swojej energii, ze swojej nerwowości, ze swego drżenia, ze swej zmysłowości. Im późniejszy wiersz, tym bardziej ma się wrażenie, że autorce śpieszyło się. To oczywiste, że miała wielką potrzebę wypowiedzi, ekspresji – i tragiczne poczucie, że brakuje jej czasu. Już nawet nie szukała tytułów, wiersz opatrywała asteryskami[12].

Ta zmysłowa, często zalotna poezja pisana była jednak przez filozofkę. I filozofka szukała sprzymierzeńców, szukała porównań w historii kultury. Heloiza, legendarna – ale i jak najrealniej historyczna – zakonnica, filozofka i miłośnica, jest dla Haliny Poświatowskiej idealnym *alter ego*.

Ciekawe, że autorka *Hymnu bałwochwalczego* dodatkowo jeszcze dramatyzuje i tak dramatyczne życie Heloizy: „i w smutnej utopili rzece". Historyczna Heloiza dożyła sześćdziesięciu paru lat, po okresie burzliwej młodości wróciła do uczonej, spokojnej egzystencji.

Halina Poświatowska, wydaje się, chce się podzielić losem z Heloizą, może chciałaby dostać od niej trochę tego, czego sama nie miała zaznać, odrobinę tego spokojniejszego życia po życiu.

Ale kończy wiersz triumfalnym „hosanna". Niech będzie, co ma być. Po co liczyć lata.

[12] Asterysk – znak graficzny w kształcie gwiazdki, stosowany zamiast tytułu utworu poetyckiego.

„jeśli zechcesz odejść ode mnie/ nie zapominaj o uśmiechu...", 1958

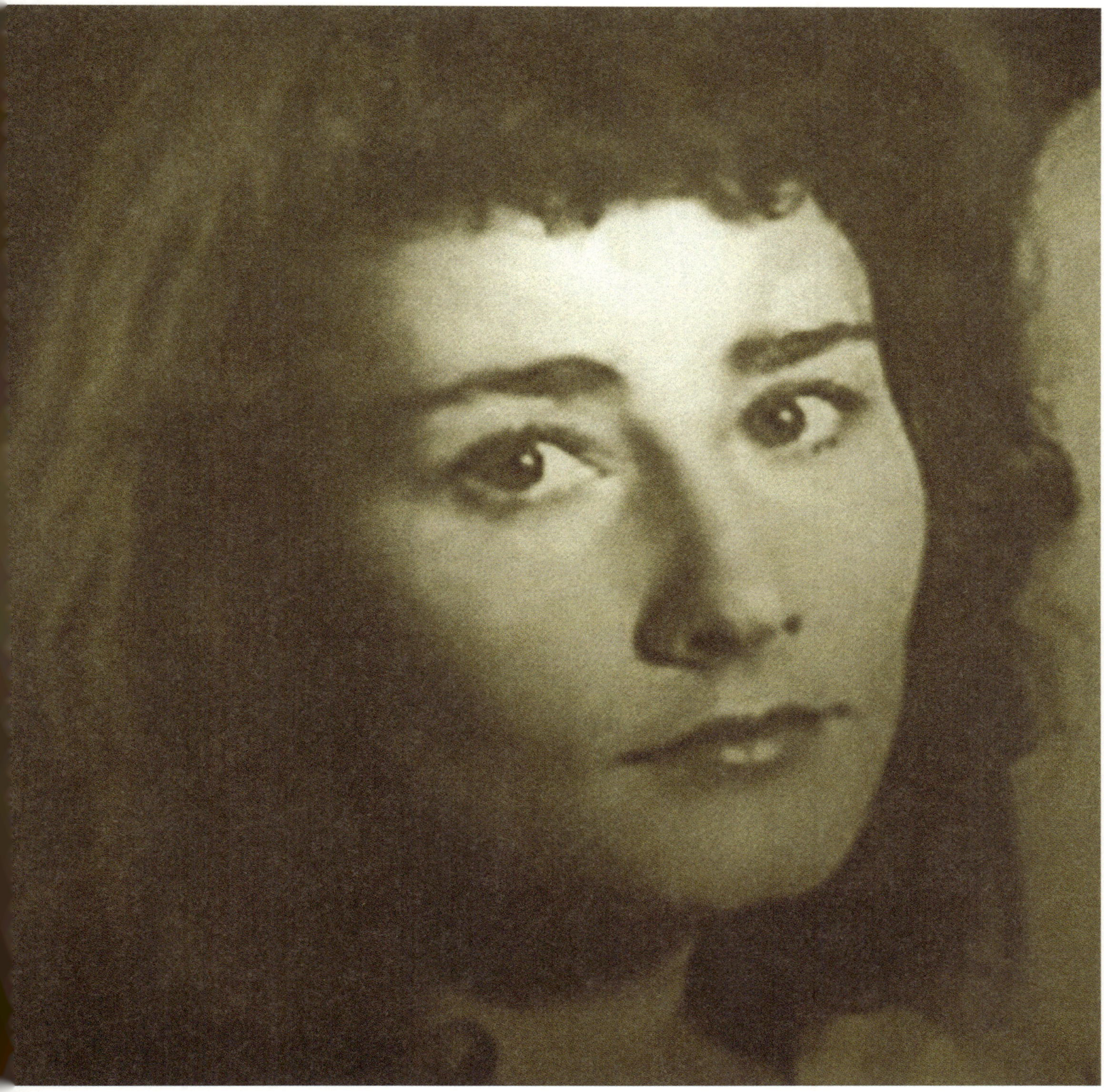

Z serii zdjęć stylizowanych na wdowę, 1952

Halina Poświatowska

***

rozstanie jest ptakiem
który rozpostarł pióra
ode mnie do ciebie

wszystkie pióra są ciemne
wszystkie dni
bez ciebie

noce drżą
rozsypane pióra
po niebie

kiedy przyjdziesz
złote pióra zbiegną się w słońce
umrze ptak

Sabina Lonty (ur. 1945) – malarka i poetka. Uzyskała dyplom na Wydziale Malarstwa Akademii Sztuk Pięknych w Gdańsku w 1972 roku. Zainspirowana pięknem natury tworzy przede wszystkim pejzaże balansujące na granicy realizmu i abstrakcjonizmu. Swoje prace eksponowa na licznych wystawach, zarówno indywidualnych, jak i zbiorowych, m.in. w Polsce, Holandii, Niemczech, Francji, Grecji i w Stanach Zjednoczonych, podczas których wielokrotnie zdobywała nagrody i wyróżnienia. Stała ekspozycja jej prac znajduje się w Galerii Lonty Petry w Częstochowie, zaprojektowanej przez męża artystki, architekta wnętrz Romana Lonty. Członkini Polish American Artist Society w Nowym Jorku oraz założycielka International Artist Association „Europa 24 utworzonego pod patronatem Sekretarza Generalnego Rady Europy w Strasburgu. Artystka wytypowała utwór *** (rozstanie jest ptakiem...) z tomu *Oda do rąk*.

Sabina Lonty o...

Halina Poświatowska była i jest dla mnie najpiękniejszą i najbardziej niepowtarzalną osobowością polskiej poezji. Słowem, jak pędzlem, malowała poetyckie obrazy. Skazana na szpitalną egzystencję, silniej odczuwała tętno życia – jego barwy, zapach i piękno. W jej wierszach jest wszystko: zachwyt, miłość, tęsknota, ból, ciągłe cierpienie, samotność i oswajanie się ze śmiercią...

Żyła, tworząc sobie iluzję szczęśliwej egzystencji. Obserwowała świat przyrody, jej nieustanne obumieranie i odradzanie się, w czym odnajdywała dla siebie nadzieję. Potrafiła zakochać się bezgranicznie, nie licząc się z konsekwencjami. Każdy czuły gest, przejaw uczuć traktowała niezwykle emocjonalnie. W poezji Poświatowskiej świat opiera się na skrajnych emocjach: jeśli miłość – to bezgranicznie głęboka; rozstanie – tragiczne, i niezwykle dojrzała wiara, że wszystko jest chwilą, którą należy świadomie przeżyć. Całe życie wierna sobie, swemu ideałowi miłości, nigdy nie szła na kompromis.

Była ciekawa życia, ale miała świadomość, że musi się spieszyć. Każdy dzień był dla niej najważniejszy. Jej odwaga w realizacji marzeń była dla mnie zachwycająca.

Inaczej odbierałam poezję Poświatowskiej kiedyś. Zawsze była dla mnie inspiracją i duchowo niezwykle bliska. Dziś po stracie najbliższej mi osoby jest jeszcze bliższa. Jej wiersze ubierają w słowa moją codzienność, moją tęsknotę i moją miłość. Są opowieścią o przemijaniu. Uczą pokory wobec życia i szczęścia.

Halina kochała ułudę, niepewność – prowokowała los. Uczucia swe określała kolorami i mnie malarce jest to szczególnie bliskie. Czas życia był dla niej czasem miłości...

Sabina Lonty, *Rozstanie*

Halina Poświatowska [list do matki]

[?] około 20 IV [1959]

Złota Moja!

Wcale byś nie uwierzyła, jak bardzo pokorna jestem, jaką ładną szkołę przechodzę – a to wszystko życie – i że dostałam stypendium – słyszysz, stypendium dostałam – do najlepszego college'u – bodajże – do Smith College – to jest w Massachusetts[13]. Znajdź na mapie – 5 godzin autem od New Yorku. Stypendium 2200 dolarów na rok – płacą wszystko i tylko się im mam uczyć. Zupełnie w to uwierzyć nie mogę i ciągle się boję, że mogą cofnąć. Chcą jeszcze zaświadczeń od doktorów – ale te to im poślę i nie przewiduję żadnych obiekcji na temat mojego stanu zdrowia, natomiast absolutnie przewiduję kłopoty z podpisaniem moich papierów – to znaczy ze znalezieniem tak zwanego sponsora, kogoś, kto byłby w jakimś sensie odpowiedzialny. Wujek zgodziłby się od razu – ale ciotka nie chce – więc sama rozumiesz – natomiast dziś rano dzwoniła do mnie Helen z Plainfield i jej mąż też – i powiedzieli, że oni to mogą podpisać dla mnie. No, strasznie byłam rozrzewniona i wdzięczna – bo żebyś wiedziała, że to mimo wszystko duże ryzyko. Patrz, nawet Jurek nie chce tym obciążać swojego konta. Kochana moja, to przecudni ludzie [...]. Tylko po angielsku ciągle ładnie nie umiem i się jąkam. Musisz wiedzieć, że była walna narada tydzień temu – wszyscy radzili i uradzili, że powinnam absolutnie wyjechać – że odpowiedzialność szalona, że ubezpieczona nie jestem, że pewnie nie dostanę stypendium, że powinnam być wdzięczna, że mi życie ocalili, i nie kusić losu – wysłuchałam z głową pokornie spuszczoną – podziękowałam, zgadzałam się, ale nie powiedziałam tak – poprosiłam, żeby mi pozwolili zaczekać 2 tygodnie i wczoraj dzwoniłam do nich, że właśnie już mam to stypendium. Zachariasiewicz[14] usiłował się zdobyć nawet na coś takiego jak entuzjazm, powinszował, a Wittlin też rzekł, że winszuje, lecz tak jakby połykał piołun. W dalszym ciągu ma mnóstwo obiekcji. Złotko moje – pisz do nich – do wszystkich i pięknie – napisz znowu do ciotki i wujka – napisz do Jurka, bo to jego praca, do najmilszej Helen – do Wittlina, do Wittlinowej – do Zachariasiewicza też [...] artykuł już napisałam – wyślę. Całuję –

Halina

[13] Poświatowska otrzymała stypendium jednego z najekskluzywniejszych żeńskich college'ów w USA, Smith College w Northampto[n] w stanie Massachusetts.

[14] Adela Zachariasiewicz i jej mąż, znajomi Wittlinó[w], pomagali Poświatowskiej załatwić wiele formalności w pierwszych miesiącach p[obytu] w Stanach Zjednoczonych.

Józef Wittlin, 1936

W Nowym Jorku, 1959
Haśka z dziećmi z Harlemu, 1959

Zbigniew Myga
Adaś

Miało być o Poświatowskiej, ale na razie będzie o mnie – trochę. Moje najwcześniejsze wspomnienia związane są właśnie z domem przy ulicy Jasnogórskiej w Częstochowie. Tu się urodziłem, a właściwie to przyszedłem na świat w szpitalu, i tu właśnie – na Jasnogórskiej – przejrzałem na oczy. Latem 1952 roku miałem zaledwie dziewięć miesięcy i, o dziwo, moje pierwsze wspomnienie pochodzi dokładnie z tego okresu. Zapamiętałem kobietę, która obdarowała mnie buteleczką po perfumach zrobioną z niebieskiego szkła. Taką podobną do „Soir de Paris", jeszcze pamiętam, że ta właśnie buteleczka była przedmiotem mego niemowlęcego pożądania. Kiedy już jako dorosły człowiek rozmawiałem z matką o tym incydencie i chciałem umieścić go w czasie, ku memu zdumieniu dowiedziałem się, że owa kobieta to była moja kuzynka Teresa, która opuściła Polskę właśnie latem 1952 roku i więcej do kraju nie wróciła. Teresa była żołnierzem AK, walczyła w powstaniu warszawskim i wyemigrowała do Stanów z biletem w jedną stronę. I jeszcze pamiętam tamto lato i magiczne słowo – wakacje. To wakacyjne wspomnienie równie dobrze może pochodzić z roku następnego, ale tego nijak nie da się ustalić. Świat, a szczególnie nasz ogród, zapamiętałem w kolorach różu i fioletu. Bez był fioletowy do kwadratu, nasturcje tylko fioletowe, a liście prawie niebieskie. Kolejne moje dziecięce wspomnienie pochodzi z roku 1954 i związane jest z pojawieniem się w domu nowego członka rodziny, a mianowicie Adolfa – Adasia Poświatowskiego. Ślubu nie pamiętam. Wiem, że odbył się w naszej parafii św. Jakuba i poprzedzony był naradami w gronie rodziców i lekarzy, czy można zezwolić młodym na zawarcie małżeństwa. Poznali się w sanatorium, najprawdopodobniej była to Kudowa-Zdrój. Adaś – nadal ten Adolf nie przechodzi mi przez gardło – był chory na *anginę pectoris*. Poznali się, zakochali i postanowili wbrew wszelkim chorobom być razem. Po długich targach w końcu moi rodzice podjęli się opieki nad młodym chorym małżeństwem i Adaś przybył na Jasnogórską. Przybył wraz z całym swoim atelier malarskim – sztalugi, blejtramy, niezliczone tubki farb, oczywiście pędzle i to coś, co przez następne lata przykuwało moją uwagę – paleta służąca do mieszania barw. Same obrazy, głównie martwe natury, nie budziły mojego zainteresowania. Natomiast na palecie się działo. Zachodziłem w głowę, jak to możliwe, że z połączenia żółtego z niebieskim wychodzi kolor zielony, a czerwony z białym tworzy pomarańczowy, a nie różowy, jak się spodziewałem. Nasz pokój, który

Adolf Poświatowski, 1953

służył za sypialnię, został przemeblowany tak, by uzyskać jako takie warunki oświetlenia, co nastręczało pewne trudności. Okna naszego domku wychodzą na północ i, niestety, na ogół jest ciemno. Drugą pasją Adasia – w sumie stanowiącą uzupełnienie jego przyszłego zawodu filmowca – była fotografia. Aparatu to raczej do ręki nie dostawałem, ale z wielkim zainteresowaniem przeglądałem negatywy posegregowane w specjalnych pergaminowych torebkach. Adaś doskonale sprawdzał się w roli szwagra małoletniego brata żony. Szesnastoletnia różnica wieku między mną a Haśką sprawiała, że mogłem od biedy robić za uzupełnienie rodziny, która z założenia nie mogła mieć własnego potomstwa. Adaś studiował reżyserię w łódzkiej Filmówce, siłą rzeczy w domu bywał tylko w niedziele. Przyjeżdżał pociągiem w soboty wieczorem, a rano w niedzielę dopakowywałem im się do łóżka, by wysłuchać kolejnej bajki o wielkoludzie. Jeszcze jeden talent Adasia okazał się szczególnie przydatny. Zmuszałem go do malowania, rysowania niezliczonej ilości okrętów, od żaglowców po wojenne. Chodziłem za nim z kartką papieru i prosiłem do znudzenia. W końcu ulegał i powstawało kolejne dzieło. Wreszcie proponował mi, że narysuje jeden duży, a ja się odczepię. Wyciągał kartkę formatu A3 i rysował. Oczywiście uczestniczyłem w procesie twórczym, prosząc o domalowanie kolejnej armaty albo jeszcze jednego masztu. W końcu format dużego bloku rysunkowego przestał mi wystarczać i prosiłem o połączenie kilku arkuszy, a ponieważ wtedy jeszcze nie było doskonałych taśm klejących, kartki musiały być naklejone obok siebie na przedniej części podwójnego łóżka. Było tego ze dwa metry miejsca, więc okręty były spore, ale przy tym wydłużonym formacie żaglowce były niemożliwe. Pozostawały tylko handlowe i wojenne. Ze wspólnych zabaw pamiętam jeszcze budowle z drewnianych klocków. Musiały być maksymalnie wysokie, bo akurat była moda na Pałac Kultury, który powstawał w Warszawie.

Niestety, były również smutne wspomnienia, napady duszności, częste nocne wizyty pogotowia ratunkowego. Niepokój i troska rodziców unosiły się nad pozornie sielankową rzeczywistością.

Pamiętam moje pierwsze w życiu wyjazdowe wakacje, które miały miejsce w 1954 roku. Matka wynalazła w Rabce pensjonat o nazwie „Storczyk", prowadzony przez dwie monstrualnie grube damy. Działalność pensjonatu polegała na tuczeniu dzieci – dosłownie. Podopieczni ciotek, bo tak kazały się nazywać, zmuszani byli do pochłaniania kaszek, klusek i przeróżnych paskudnych papek, a pod koniec turnusu prezentowano zachwyconym rodzicom, ile dane dziecię przytyło. Mnie wiodło się lepiej. Mieliśmy wynajęte dwa pokoiki, w tym jeden z balkonem, i nie zmuszano mnie do jedzenia przy ogólnym stole, jednakże pobyt w Rabce zapamiętałem jako nieprzerwane pasmo koszmarów. A to udało mi się wpaść do rowu pełnego pokrzyw, a to głowa uwięzła mi między prętami balustrady balkonu... Od oberwania uszu ocalił mnie właśnie Adaś. Przypomniał

Haśka na tle obrazu męża, 1958

sobie mianowicie starą prawdę, że jak głowa przejdzie, to i reszta powinna. Przewlókł mnie na drugą stronę balustrady – bałem się potwornie, dyndając nogami nad podwórkiem na wysokości pierwszego piętra. Inną sytuacją, w której ratował mnie Adaś, było przejście przez kładkę nad strumieniem skleconą z byle czego dosyć wysoko nad silnym nurtem. Czepiałem się drzewa i nie pozwoliłem się wprowadzić nad wodę. Wtedy Adaś łapał mnie pod pachę, kazał zamknąć oczy i tak przewieszonego transportował na drugi brzeg. Udało mi się też dokonać ważnego odkrycia. Mianowicie dowiedziałem się przypadkiem, rozgrzebując krowi placek, skąd bierze się specyficzny aromat polskiej wsi. Z pensjonariuszy – towarzyszy zabaw – zapamiętałem troje dzieci. Artura, bo był najstarszy i największy, Basię, bo mi się bardzo podobała, i Ludwika, którego sprałem (zabrał mi łopatkę, a może to była jego łopatka), niestety, potem któraś z ciotek sprała mnie. Jednym słowem wakacje – koszmar. No może jedynym pozytywnym akcentem był przyjazd ojca, który kupił mi projektor do wyświetlania filmów, takich zwykłych czarno-białych przezroczy opatrzonych tekstem.

Wiadomość o śmierci Adasia przyszła niespodziewanie. Zmarł w Krakowie w trakcie pracy nad dyplomowym filmem, który miał być poświęcony witrażom Wyspiańskiego. Ataku serca dostał w nocy w pokoju hotelowym, a fiolka z lekarstwem stała poza zasięgiem ręki. Znaleziono go przewieszonego przez łóżko. Pozostały po nim obrazy, ale tylko te, które uważał za niedokończone. Te najlepsze były wystawione w Łodzi. Kiedy w jakiś czas po pogrzebie ojciec pojechał zlikwidować wystawę, okazało się, że na wiadomość o śmierci autora wszystkie obrazy zostały rozkradzione. Pozostała nam jeszcze paleta, na której farby mieszane jego ręką zastygały jeszcze długo.

Zdjęcie Adasia z dokumentów Szkoły Filmowej w Łodzi

Adolf Poświatowski, portret żony

Adolf Poświatowski, *Akt z kotem*

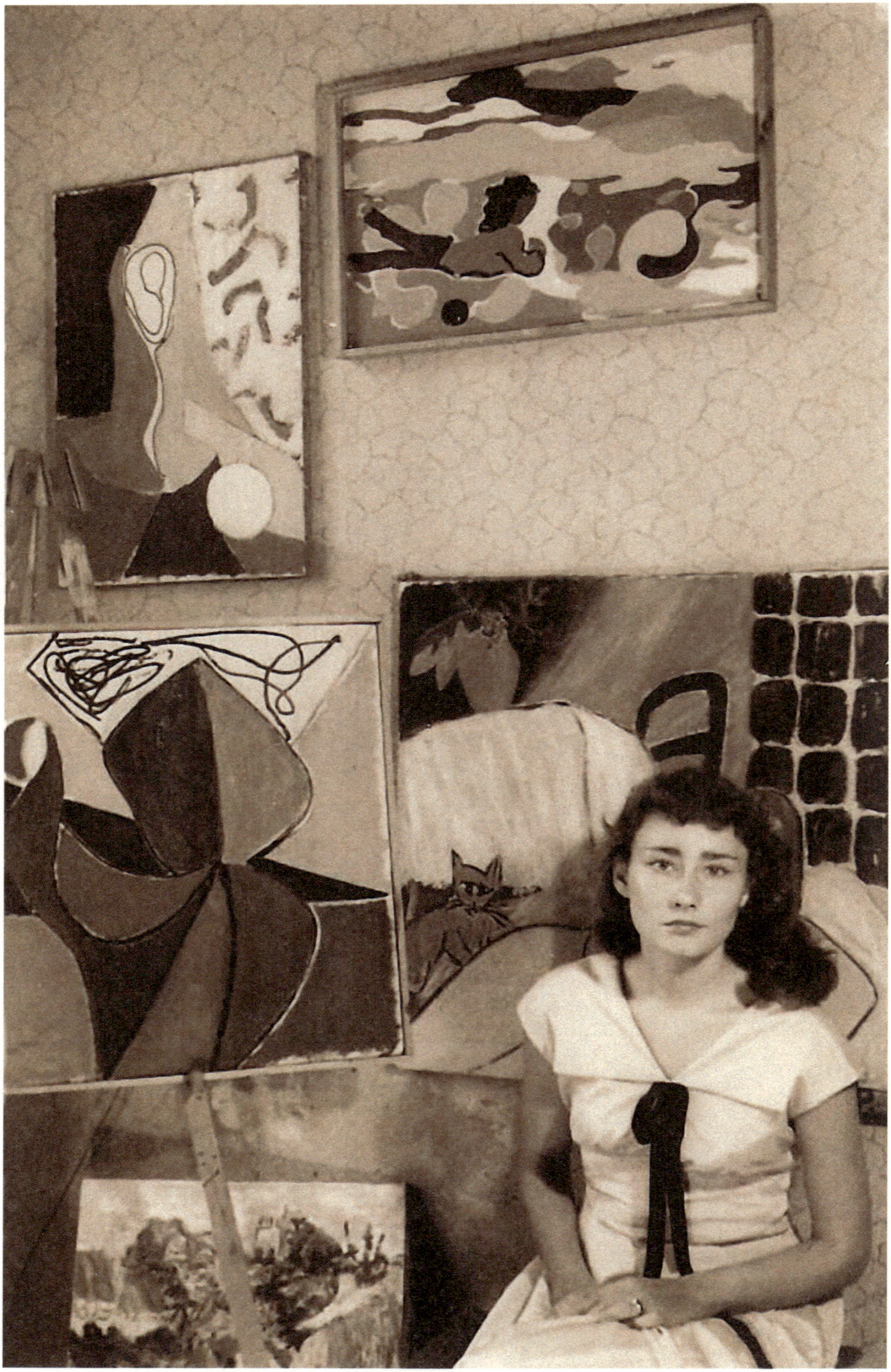

Haśka na tle obrazów męża, 1958

Adolf Poświatowski, bez tytułu

Halina Poświatowska

***

Boże mój zmiłuj się nade mną
czemu stworzyłeś mnie na niepodobieństwo
twardych kamieni

pełna jestem twoich tajemnic
wodę zamieniam w wino pragnienia
wino – zamieniam w płomień krwi

Boże mojego bólu
atłasowym oddechem wymość
puste gniazdo mojego serca

lekko – żeby nie pognieść skrzydeł
tchnij we mnie ptaka
o głosie srebrnym z tkliwości

Anna Maria Jopek – wokalistka, improwizatorka, wizjonerka, pasjonatka. Nagrywa i koncertuje na całym świecie z najważniejszymi postaciami muzyki naszych czasów (m.in. Pat Metheny, Youssu'n Dour, Bobby McFerrin, Ivan Linz, Branford Marsalis, Nigel Kennedy, Richard Bona, Oscar Castro-Neves, Makoto Ozone). Wystąpiła na najbardziej prestiżowych scenach świata, takich jak: Carnegie Hall, Hollywood Bowl, Royal Festival Hall, Opera w Tokio i Tel Awiwie, Blue Note Tokyo, Santori Hall. Nagrywała w Studiach Real World u Petera Gabriela, Abbey Road w Londynie i Power Station w Nowym Jork Od 2000 roku jej muzyka jest wydawana n całym świecie. Tylko w Polsce jej płyty rozeszły się w milionowym nakładzie, ale najbardziej ceni sobie kameralistykę i występy dające bezpośredni kontakt z widzami. Mieszka na warszawskim Żoliborzu i w lizbońskiej Alfamie.

Anna Maria Jopek o...

Myślę o tym, jak dosłownie może brać ten tekst ktoś taki jak ja? Proszę o tchnienie srebrnowłosego ptaka co noc, stając na scenie. Otwieram usta w nadziei na ułaskawienie. Muzyka jest moim światem doskonałym, w bardzo niedoskonałym świecie wokół. Wiersz, obraz, film, każda forma tworzenia. Pamiętam, jak na pewnej gali oscarowej reżyser światła, odbierając nagrodę, powiedział: „Boże, dziękuję Ci za sztukę. Bez niej życie byłoby nie do zniesienia".

Moje życie jest do zniesienia. Jest całkiem niezłe. Gniazdo serca pełne.

Ból fizyczny? Tylko urazowy.

Wydolność serca? Bez zarzutu.

Halszko, Halsko, Halino... nie mogę wiedzieć o Twoim cierpieniu, choć tak łatwo przywłaszczam sobie wołanie o litość i twardość kamienia. Równie łatwo, jak tę prośbę, żeby tylko nie pognieść skrzydeł.

Halina Poświatowska

***

gdzie są wąskie skrzydła jaskółek
a szerokie motyli
a wietrzne
pająków bezskrzydłych
zawieszonych na promieniu słońca
gdzie jest ziemia
złota – okrągła
uciekła spod nóg
ziemia
którą trzeba całować jak usta chłopca
ciepła
której w bolesne uszy pokrzyw
trzeba wszeptać
namiętną ciemną miłość
do końca

Jerzy Kędziora (ur. 1947) – rzeźbiarz, projektant wnętrz, pedagog. Twórca i realizator rzeźb postaci balansujących, znajdujących się w polskich i zagranicznych miastach. Swoje prace eksponował na indywidualnych i zbiorowych wystawach, m.in. w Barcelonie, Dubaju, Nowym Jorku, Miami. Rzeźby artysty prezentowane są w Muzeum Narodowym w Warszawie, Centrum Rzeźby Polskiej w Orońsku, Centro Dantesco w Rawennie, a także w wielu innych galeriach i muzeach na całym świecie. Związany jest z Częstochową i Poczesną, w której mieści się galeria jego prac. Rzeczoznawca Ministerstwa Kultury i Sztuki do oceny sztuki współczesnej w dziedzinie rzeźby. Artysta wytypował utwór *** (gdzie są wąskie skrzydła jaskółek...) ze zbioru *Wiersze z lat 1958–1962*.

Jerzy Kędziora, portret Haliny Poświatowskiej

Kalina Słomska

Rozmowa z Jerzym Kędziorą o...

J.K.: Widzisz, Kalinko – pytasz mnie o poezję Haliny Poświatowskiej – dla mnie odpowiedź nie jest prosta, jednoznaczna. Jeśli czytasz ją w oderwaniu od jej życia, jej życiorysu, to jest to zupełnie inna poezja. Inaczej ją czytasz, gdy jesteś po lekturze chociażby *Opowieści dla przyjaciela*, jeszcze inaczej po dalszych przybliżeniach, monografiach... W dużej mierze ten jej świat widziany był przez pryzmat okna, ona pisze z tęsknoty, a ja tworzę z ucieczki przed czymś brutalnym. To są dwa światy. Jeśli już potrafię się czymś zachwycić, to nigdy tak jak ona. Bo Haśka potrafiła sto razy pisać w sposób tak różny o jednym promieniu słońca lub o spadającej gwieździe. Czy mnie by się chciało tak? Musiałbym umieć. Widzisz, przez długi czas nie mogłem oswoić się z tym, że jestem artystą, chociaż od zawsze pracuję w zawodzie artystycznym. I tak w jednym domu, gdzie żyła i tworzyła Haśka, a ja wiele lat później miałem swoją pracownię rzeźby, spotkały się dwa różne charaktery twórcze. Mnie ten świat bardziej szedł do i od łba, jej do i od serca. Dla mnie nieważny jest poszczególny wiersz, ale całokształt, ten opis mikroświata zamkniętego w kadrze okna. To w kontekście tego domu, tej pracowni. Dla mnie wiersz *Metropolitan*... czy *Kamień* to wiersze, w których jest odniesienie do kulturowych zdobyczy człowieka. Zdarzało się kilkakrotnie na Jasnogórskiej, w czasie gdy miałem tam pracownię, że do skrzynki na listy jacyś ludzie – podejrzewam panienki – wrzucali napisaną przez siebie poezję. Urzekało mnie to utożsamianie miejsca z poetką i jej poezją. Zastanawiałem się, czy znajdę tam podobną energię, szukałem jej, ale jak mówię – ja jestem nieczuły brutal (chociaż Dana[15] oponowałaby). Ona, Haśka, potrafiła uwolnić do lotu piękne słowo i w tym była tęsknota, lekkość – ja takich ulotnych, delikatnych uczuć ożywić nie umiem. Być może inna jest wrażliwość niewieścia, inna faceta po przejściach. Halina dorastała otoczona miłością, literaturą piękną, którą czytała jej matka, a ja – rosłem pod pręgierzem twardego życia i paska. Mogę jej zazdrościć duszy, ubolewam jednak nad jej życiem naznaczonym chorobą. Ale gdybyśmy odebrali jej tę chorobę, może nie narodziłaby się poetka. Ona rosła w klimacie miłości, czułości, jak w puchu – ale jednocześnie w świecie ograniczeń i dlatego na myśl przychodzi ten kadr okna.

K.S.: Jurku, a gdybyś miał jej poezję porównać do jakiegoś nurtu w malarstwie, to byłby to impresjonizm, barok czy gotyk?

J.K.: Za trudne mi zadajesz pytania. Ja na nie odpowiem za jakiś czas. Niby takie impresje tkane puentylistycznie?

K.S.: Czułeś obecność Haśki w tym domu?

J.K.: Nie, ale wiedza moja, że ona tam była, powodowała u mnie pewien rodzaj myślenia, aby tego nie skalać. Ja ją podziwiałem i patrząc w to samo okno, chciałem zobaczyć to, co widziała Haśka, ale widziałem zupełnie inny świat.

...uta Mieżaniec – rezydentka
...ii rzeźby Jerzego Kędziory
...czesnej.

Jerzy Kędziora, *Linoskoczek*

Zbigniew Myga
Dom

Ulica Jasnogórska w Częstochowie, niby pierwsza równoległa, a właściwie nierównoległa do alei Najświętszej Maryi Panny, bo biegnie lekkim skosem, śladem średniowiecznego traktu, jednocześnie ostatnia posiadająca zwartą zabudowę po północnej stronie miasta, aż do 50. lat XX wieku.

Niby ścisłe centrum miasta, a jednak na uboczu. Nawet usytuowanie budynku Teatru im. Adama Mickiewicza nie zdołało zaktywizować tego fragmentu miasta właściwie aż do dzisiaj. Miasto rozbudowało się daleko w kierunku północnym, a o Jasnogórskiej urbaniści zapomnieli – owszem są tu jakieś szkoły, nawet biurowiec Sanepidu niedawno wybudowano, ale daleko ulicy Jasnogórskiej do uzyskania wielkomiejskiego charakteru.

Posiadłość noszącą numer 23 ojciec kupił od rodziny Ostrowskich w 1947 roku. Była to kamienica czynszowa powstała koło 1905, a nawet spotkałem się z wersją, że w 1895 roku, z przybudowanym jednorodzinnym domkiem, który początkowo służył właścicielom jako stajnia i wozownia, a w dwudziestoleciu międzywojennym został przerobiony na mieszkanie. Od ulicy strzegł posesji mur z kamienia wapiennego, zwieńczony żelazną kratą i takąż bramą, za nią długie podwórko, po lewej stronie kamienica, w głębi domek, po prawej drewniany płot, a za płotem ogród.

Moja rodzina przez całą okupację mieszkała w alei Najświętszej Maryi Panny pod nr 4, gdzie prowadziła sklep galanteryjny. Po wojnie, gdy w ramach przekształceń własnościowych usuwano prywatnych kupców z alei, rodzina w obawie przed wywiezieniem do Żarek przeniosła się na ulicę Mariana Buczka i zamieszkała w wynajętym mieszkaniu. Tam też przyszła na świat moja trzecia siostra, Teresa Małgorzata.

Niestety, zakup nieruchomości, jednoznaczny z ujawnieniem posiadania sporej gotówki, odbił się bardzo negatywnie na losach rodziny. Ojciec został obciążony domiarem i trafił na półtora roku do „obozu pracy".

Dopiero po powrocie ojca z obozu moja rodzina przeniosła się na Jasnogórską i zamieszkała w mocno sfatygowanym domku.

Dalsze życie przy ulicy Jasnogórskiej toczyło się bez większych katastrof, oczywiście na ile pozwalał stan zdrowia Haśki. W 1951 roku przyszło na świat jedyne w rodzinie dziecko płci męskiej, czyli ja. Kolejnym wydarzeniem był ślub Haliny z Adolfem Poświatowskim. Młodzi małżonkowie zamieszkali w najdalszym pokoju zwanym sypialnią.

Dom na ulicy Jasnogórskiej, 1970

Pod oknem stała sztaluga Adasia, na niej aktualnie malowany obraz, wokół tubki z farbami, pędzle, blejtramy i inne przyrządy malarskie. Na środku pokoju tradycyjne łoże małżeńskie, pod ścianą szafa, oczywiście trzydrzwiowa z lustrem. Umeblowania dopełniał dębowy kredens, przerobiony na bibliotekę, mały okrągły stolik, dwa fotele i między oknami toaletka z lustrem. Amfiladowy układ mieszkania stwarzał pewne niedogodności, gdy wszyscy domownicy byli na miejscu, ale takie sytuacje zdarzały się dosyć rzadko. Adaś studiował w Łodzi, Halina często wyjeżdżała do sanatoriów, szpitali, klinik. Osobną i ważną rolę w życiu rodziny odgrywał ogród.

W centralnym miejscu, zwanym szumnie altanką, między dwoma bzami rozciągnięty był hamak, w cieniu pod drzewami rosło mnóstwo konwalii, a dookoła fasola jaś na dwumetrowych tyczkach. Rodzina z miernym skutkiem usiłowała uprawiać skromny kawałek ziemi, siejąc warzywa, a czasem nawet sadząc pomidory, ale najważniejsze były bzy, konwalie i maciejka, którą Halina uwielbiała ponad wszystko i mimo fizycznej słabości siała osobiście. W trakcie pobytu Haliny w Stanach Zjednoczonych ogród został zmniejszony o połowę. Zniknął baśniowo wyglądający kamienny mur zwieńczony żelazną kratą i ulubiona akacja Haśki. W przepisowo komunistycznym stylu przeprowadzono sprawę wywłaszczeniową i przy ulicy zbudowano trzypiętrowy blok mieszkalny, który istnieje do dzisiaj. W miejscu, gdzie rosła nasza czereśnia, wybudowano piaskownicę, a ogrodowy spokój został zniszczony przez wrzaskliwą dzieciarnię.

Po powrocie z USA Halina zamieszkała w Domu Literatów w Krakowie przy ulicy Krupniczej 22, wkrótce dołączyła do niej siostra Małgorzata, która dostała się na Wydział Prawa Uniwersytetu Jagiellońskiego.

W domu przy ulicy Jasnogórskiej zostałem sam z rodzicami, oczywiście wszystkie weekendy, święta i wakacje spędzaliśmy razem. W roku 1975 do rodziny dołączyła moja żona Joanna, a w dwa lata później w październiku 1977 roku zmarł ojciec. Matka wyjechała do siostry do Krakowa i już nigdy do Częstochowy nie wróciła. Na „gospodarstwie" została moja żona, ja miałem podpisaną umowę o pracę z zakładem „Polmo" w Praszce i musiałem wyjechać. Kiedy w roku 1979 matka dostała mieszkanie spółdzielcze w Krakowie, przekazała dom do zasiedlenia urzędowi miejskiemu.

Przydział na mieszkanie przy ulicy Jasnogórskiej 23 dostała rodzina B. Ojciec rodziny – malarz obrazów typu „jeleń na rykowisku", ona – szara kobieta bez zawodu i siedmioro drobiazgu w różnym wieku. Początkowo rodzina B.

Haśka i matka w ogrodzie, 1954
Haśka z mężem i kuzynką Aurelią Tobołą, 1954

dbała o dom i nawet jakieś drobne remonty były robione. „Jelenie" sprzedawały się dobrze, pan B. miał nawet pewne plany związane z zagospodarowaniem ogrodu, który mocno podupadł, ale jego nagła śmierć w okrutny sposób odbiła się na życiu rodziny. Pani B. podjęła pracę sprzątaczki i ze skromnej pensji usiłowała wyżywić sporą rodzinę. Niedostatek finansowy miał swój wpływ na stan techniczny domu, zimą rodzina gnieździła się w kuchni, gdzie był jedyny czynny piec. W pozostałych pomieszczeniach było zimno. Stuletni budynek bez podpiwniczenia wymagał stosunkowo dużej ilości opału. Izolacja pozioma właściwie przestała istnieć – w końcu budowano go z przeznaczeniem na stajnię. Niestety, w ściany z kamienia wapiennego wdała się wilgoć. W ciągu dwóch sezonów zawilgotniały całe ściany aż do sufitu. W rezultacie drewniane belki stropowe przegniły w gniazdach i strop zaczął grozić zawaleniem. Ekspertyza budowlana była jednoznaczna – dom nie nadawał się do zamieszkania, natomiast ewentualny remont byłby nieopłacalny. Wprawdzie urząd miejski przekwaterował rodzinę B. do innego mieszkania, ale zdecydowanie odżegnał się od odpowiedzialności za zdewastowanie domu. Zaproponowano mi założenie cywilnej sprawy sądowej i dochodzenie odszkodowania od pani B. Przyjąłem tę propozycję jako niesmaczny żart i ze zrozumiałych powodów oczywiście zrezygnowałem z dochodzenia swoich praw przed sądem. Dom stał niezagospodarowany do roku 1998. Właśnie wtedy zrodził się pomysł przeznaczenia budynku na działalność związaną z kulturą. Niestety, zorganizowanie muzeum z prawdziwego zdarzenia związane było z kosztami przekraczającymi moje możliwości. Wiosną 1998 roku w rodzinnym domu Haliny Poświatowskiej zagościł Jerzy Kędziora – częstochowianin, rzeźbiarz – w końcu kolega artysta. Autor cyklu rzeźb „balansujących". Zagrożone stropy zostały prowizorycznie wzmocnione, w dachu powstał świetlik w miejscu spróchniałych desek, dom stał się pracownią, a ogród prawie galerią, o nazwie „Przedstudio". Miałem niewątpliwą przyjemność przez prawie siedem lat z pierwszego rzędu przyglądać się pracy artysty. Nie było w niej nic z „udręki czy ekstazy" – Jerzy swoje tworzywo traktował z sympatią, a nawet z przymrużeniem oka. Dla mnie był przede wszystkim doskonałym portrecistą, świetnie potrafił oddać mimikę twarzy, jego głowy myślały, przeżywały, cierpiały, czasami nawet miewały kaca. Cykl rzeźb legendarnych – maleńki ptaszek siedzący na drzewcu włóczni stanowi liryczny kontrapunkt dla zwalistej bryły zasępionego woja – prawda, że dowcipne?

Ktoś napisał o Okudżawie, Brelu i im podobnym, że są to poeci, którym przestał wystarczać wynalazek druku. Podobnie Kędziora – jemu też nie wystarczały zwykłe środki artystycznego przekazu, jego rzeźby nie tylko miały wyglądać czy wzruszać – one jeszcze musiały BUJAĆ!

Dom na ulicy Jasnogórskiej, 1990
Przed domem: ojciec, matka, Zbigniew Myga, Małgorzata i Czesław Porębscy, 1968

Na kulturalnej mapie miasta zaistniał nowy punkt, „Ogród rzeźb", magiczne miejsce odwiedzane przez wielu ludzi. Kolejne wernisaże i pokazy gromadziły entuzjastów twórczości artysty, a miejscowe gazety z wielką przychylnością pisały o nietypowych rzeźbach i ich twórcy.

Wczesną wiosną 2005 roku Jerzy Kędziora poinformował mnie, że zamierza kupić posiadłość w podczęstochowskiej wsi, a w związku z tym przenieść pracownię i galerię.

Ta informacja zbiegła się w czasie z obchodami roku Haliny Poświatowskiej. Władze miasta postanowiły cyklem imprez uhonorować najsławniejszą częstochowiankę XX wieku. W trakcie narady zorganizowanej przez prezydenta miasta, pana Tadeusza Wronę, zaproponowałem utworzenie muzeum w domu poetki, deklarując jednocześnie wolę wypożyczenia eksponatów dokumentujących jej życie i twórczość. Niebawem zapadła pozytywna decyzja o powołaniu muzeum, jednak wcześniej należało znaleźć formę prawną umożliwiającą wyremontowanie prywatnej nieruchomości za samorządowe pieniądze. Oficjalnie decyzja została ogłoszona podczas imprezy zorganizowanej w ogrodzie w ramach „Nocy Kulturalnej" – 25 czerwca 2005 roku. Wiersze Poświatowskiej czytała Zofia Kucówna.

Jeszcze tylko należało przeprowadzić remont, a właściwie rekonstrukcję. Z oczywistych względów wolałbym, żeby udało się odratować autentyczne mury, ale zdawałem sobie sprawę, że ściany osuszone nawet przy użyciu najnowszych metod mogą sprawiać kłopoty w trakcie eksploatacji budynku.

W tym momencie rozpoczął się kolejny rozdział w historii niepozornego domku, w którym mieszkałem przez dwadzieścia cztery lata, a teraz mam nadzieję spędzić ich jeszcze wiele jako pracownik muzeum poświęconego Haśce, jej twórczości i historii naszej rodziny.

Zbigniew Myga i Kalina Słomska na tle rzeźb Jerzego Kędziory, 2002

Nasz dom już jako muzeum, 2010

Halina Poświatowska [list do Caroline Karpinski][16]

[Paryż] 30 X 1966

Najdroższa Caroline!

Szkoda, że nie mogę patrzeć z Tobą, jak te wielkie ptaki odlatują na południe – szczególnie, że nie mam akurat nic do roboty. Czytam sobie *Pustelnię parmeńską* i takie tam, popijam sok pomarańczowy własnej produkcji, zajadam banany i rzucam stęsknione spojrzenia na ulice Paryża tuż pod moim oknem. Mogę Ci się przyznać: zasłabłam trochę i cały zeszły tydzień spędziłam w łóżku. Zdarzyło się to po mojej wyprawie do Muzeum Modern Art – następnego dnia nie czułam się dobrze, ale poszłam z Ingardenem[17], ale zmęczyłam się jeszcze bardziej i nie byłam już w stanie chodzić. Na szczęście czuję się już lepiej – nogi mi znów schudły, lżej mi oddychać (myślałam już, że złapałam bronchit), ale boję się wciąż pójść dalej niż za róg, gdzie dokonuję codziennych zakupów. Boże, ale się bałam: muszę uważać, żeby nie zawrzeć znajomości z francuskimi szpitalami: słyszę, że nie mają dobrej renomy.

Nie bez żalu, moja Kochana, rezygnuję z większości moich turystycznych planów, nie mówiąc już o akademickich. Sorbona ma setki schodów: przedarłam się tam raz i nie udało mi się oczywiście dowiedzieć, gdzie i jakie wykłady się odbywały. Może Ingarden mi pomoże, przedłużył swój pobyt tutaj o tydzień i – muszę przyznać – bardzo przejął się stanem mojego zdrowia, ale co: powiedział tylko, że nie powinnam była tu przyjeżdżać – jakbym sama o tym nie wiedziała, nawet zanim jeszcze wyjechałam z Polski. Z lepszych wieści: Strzeleski oświadczył, że otrzymałam 50$ – stypendium bardzo mile widziane w moim aktualnym położeniu (nie muszę oszczędzać na jedzeniu) – dziękuję Ci bardzo, Kochana, że do niego zadzwoniłaś. W domu wszyscy chyba zdrowi, w tym i Jaś[18], który pisze okropnie niezgrabne i niegramatyczne listy. A Bóg obdarzył mnie wrażliwością na styl! Nie, Kochanie, nie mam zamiaru porzucić Jasia – tylko wolałabym mieć go pod ręką, na odległość, która nie wymaga korespondencji – mimo że jestem stała, trudno byłoby mi wyżyć tylko z jego listami (i niczyimi innymi) dłużej niż dwa miesiące.

No, więc nie odważyłam się napisać do Olgi[19] – może jest zajęta własnymi sprawami; poza tym nie byłam pewna, czy i gdzie będę mogła się z nią spotkać, bo nie wolno nam przyjmować gości w tym zakichanym akademiku! Przez parę dni nie dzwoniłam nawet do Ingardena, żeby go nie martwić, wstydzę się doprawdy sprawiać ludziom tyle kłopotów. Myślę, Najmilsza, że dam sobie radę sama i będę bardziej uważać przez następny miesiąc. Bądź zdrowa – Kochanie moje – całuję Cię –

Halina

Po mojej angielszczyźnie możesz sądzić o moich postępach we francuskim: są w odwrotnym stosunku, a nie mam przy sobie angielskiego słownika, wybacz mi, Karolinko.

H.

Kochana, właśnie dostałam książkę Kosińskiego[20] od Pameli podpisaną przez nią dla mnie. Napisała po raz pierwszy od pięciu miesięcy. Najwidoczniej jest w nim zakochana i gniewa się na mnie za te parę słów prawdy.

[16] Amerykanka polskiego poc dzenia, historyk sztuki, pra nik Metropolitan Museum o w Nowym Jorku; przyjaciółk Haliny.

[17] Roman Ingarden (1893-1 – polski filozof światowej sławy; profesor Uniwersyte Lwowskiego, Mikołaja Kope w Toruniu i Uniwersytetu Jagiellońskiego w Krakowie uczeń Edmunda Husserla; nauczyciel i przyjaciel Poświatowskiej.

[18] Jan Adamski (1923-201 aktor; występował w rzes skim Teatrze im. Wandy Siemaszkowej (1954-195 a także w krakowskich te rach: Rapsodycznym (194 Starym i Teatrze im. Julius Słowackiego (1967-1997); przyjaciel i narzeczony Poświatowskiej.

[19] Olga Craig – żona Rober Craiga, profesora Poświa skiej, który popierał jej starania o stypendium na rykańskich uniwersytetac

[20] Jerzy Kosiński (1933-1 polsko-amerykański pisar żydowskiego pochodzenia, tworzący w języku angiel znajomy Poświatowskiej, ter opowiadania *Niebieski*

Haśka, Anna Orłowska i Karolina Karpińska, 1964

U wujostwa w Yonkers, 1959
Nad Atlantykiem, 1959

Halina Poświatowska

***

czy świat umrze trochę
kiedy ja umrę

patrzę patrzę
ubrany w lisi kołnierz
idzie świat

nigdy nie myślałam
że jestem włosem w jego futrze

zawsze byłam tu
on – tam

a jednak
miło jest pomyśleć
że świat umrze trochę
kiedy ja umrę

Hanna Banaszak (ur. 1957) – wokalistka jazzowa i estradowa, poetka. Zadebiutował w 1976 roku na Krajowym Festiwalu Piosenki Polskiej w Opolu w konkursie „Młode Talenty". Współpracuje z wieloma sławami polskiej estrady, m.in. Wojciecher Młynarskim, Jeremim Przyborą, Jerzym Wasowskim. Uczestniczka wielu spektakli scenicznych i telewizyjnych, na przykład *Nieszporów Ludźmierskich* Jana Kantego Pawluśkiewicza. Nagrodzona w 1986 roku Grand Prix belgijskiego festiwalu piosenki Europopstar, w 2013 roku zaś – Złotym Mikrofonem, przyznawanym przez Polskie Radio, za całokształt pracy wokalnej. Uhonorowana Srebrnym Medalem „Zasłużo Kulturze *Gloria Artis*" oraz Krzyżem Kawalerskim Orderu Odrodzenia Polski (2014). Wokalistka wybrała wiersz *** (cz świat umrze trochę...) z tomu *Jeszcze jed wspomnienie*.

Hanna Banaszak o...

Z poezją Haliny Poświatowskiej po raz pierwszy zetknęłam się, gdy kompozytor, Stanisław Radwan, zaprosił mnie do zaśpiewania słynnej *koniugacji* w swym autorskim spektaklu telewizyjnym. Zachwyciłam się zarówno muzyką, jak i tekstem – jego konstrukcją, prostotą i niezwykłą siłą oddziaływania zaledwie kilku zdań. Potem sięgnęłam po więcej wierszy poetki. W jej poezji ogromne wrażenie zrobił na mnie splot najgłębszych człowieczych emocji z pogranicza miłości i przemijania oraz bolesny, poetycki zapis odchodzenia pięknej, młodej, inteligentnej i utalentowanej osoby. Ten szczególny pamiętnik stanowi coś więcej niż tylko jakościowo dobry tom poetycki. Czytając strofy Poświatowskiej, stajemy się niejako osobami towarzyszącymi tej zrozpaczonej dziewczynie w kresowym odczuwaniu życia. To tak, jakbyśmy trzymali ją za rękę, aż do ostatniego, najcichszego tchnienia. Poetka opisała mnóstwo swych odczuć. Chwytała się słów, jakby miały jej wydłużyć ostatnie minuty istnienia. Czuło się jej rozpaczliwie wielką bezradność wobec przedwczesnego odchodzenia. Tym samym dała nam świadectwo i nas czekającego kresu.
Wiersz zaczynający się od słów: „czy świat umrze trochę/ kiedy ja umrę" według mnie jest nieco jaśniejszy niż moja ulubiona *koniugacja*, oddaje momenty uspokojenia i pogodzenia.

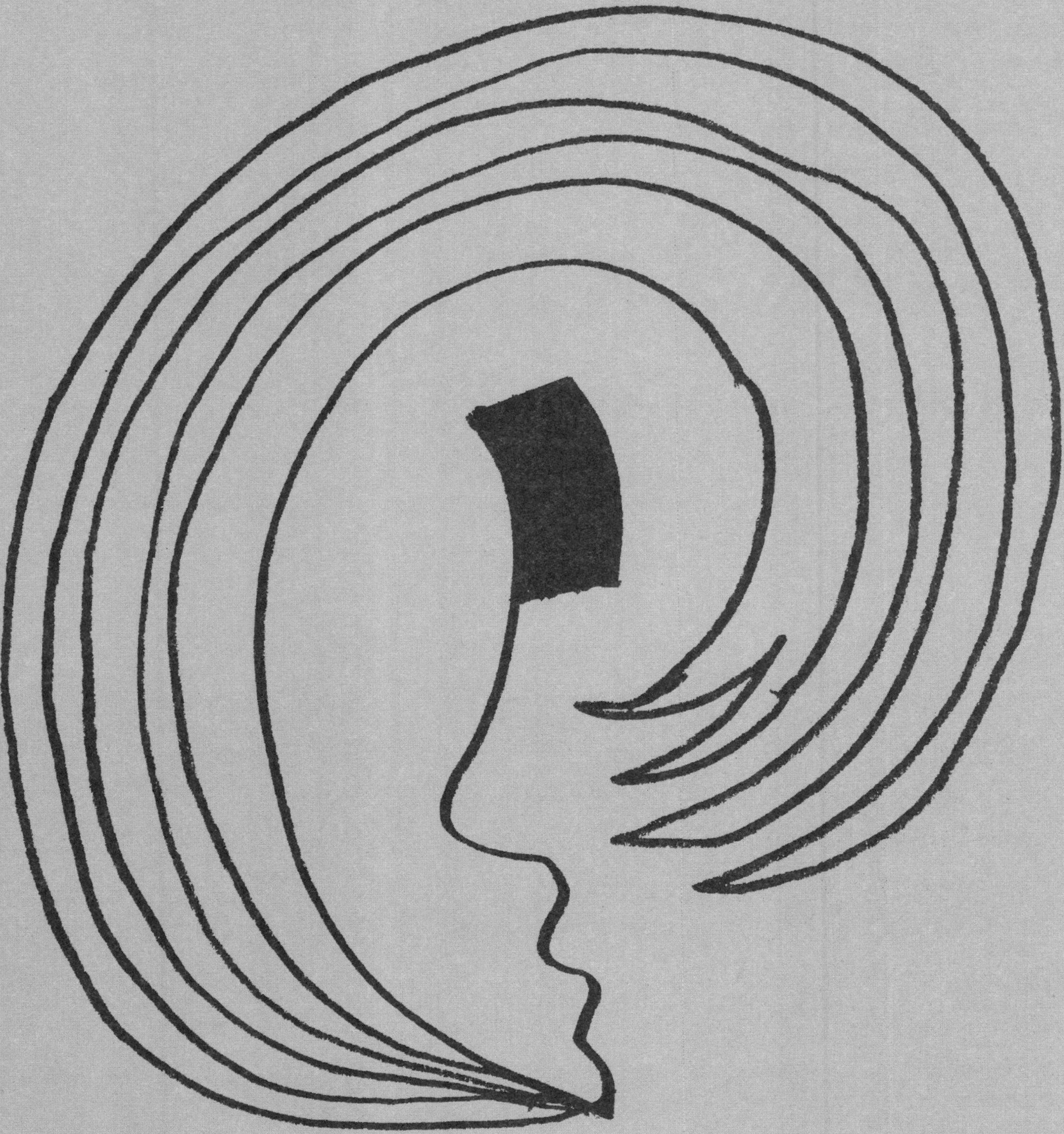

Halina Poświatowska

***

Marianne c'est la petite
tam pod tą gołą ścianą
łokciem rozmazuje łzy
twarz ma bladą i małą

na tym wysokim wąskim
z wiejącymi wstążkami
w ciasne drzewo oprawny
odjechał ukochany

słono świeci samotność
i barwę ma zieloną
dwoje oczu przez palce
pod ścianą taką stromą

koniugacja

ja minę
ty miniesz
on minie
mijamy
mijajmy
woda liście umyła olszynie

nad wodą
olszyna
czerwona
zmarzła moknie
mijam
mijasz
mija
a zawsze tak samotnie

minąłeś
minęłam
już nas nie ma
a ten szum wyżej
to wiatr
on tak będzie jeszcze wieczność
wiał

nad nami
nad wodą
nad ziemią

Gabriela Kurylewicz (ur. 1971) – poetka, tłumaczka, doktor filozofii, reżyser, pianistka. Prowadzi Piwnicę Artystyczną Kurylewiczów w Warszawie (Rynek Starego Miasta 19). Założycielka Fundacji Forma – Teatru, Instytutu Sztuki i Badań Filozoficznych. Pomysłodawczyni i organizatorka festiwalu Dni Muzyki Andrzeja Kurylewicza, wydawca i mecenas dzieł kompozytora. Autorka pięciu tomów wierszy (*Wiersze*, *Wydłużyć horyżont*, *Tristia*, *Księżyc świadkiem*, *Rymki*), kilku książek filozoficznych (m.in. Poznawanie i niepoznawanie istnienia – *Giovanni Pico della Mirandola w poszukiwaniu metafizycznej zgodności wszystkiego, co istnieje*), artykułów i przekładów tekstów klasycznych Tomasza z Akwinu, Boecjusza, Szekspira. Należy do Stowarzyszenia Pisarzy Polskich, International Society of Neoplatonic Studies oraz ZAiKS-u. Współzałożycielka Pracowni Filozofii Muzyki w Instytucie Filozofii Uniwersytetu Warszawskiego. Wykonawczyni własnej poezji i muzyki swojego ojca. Przypomniany przez nią utwór to *** (Marianne c'est la petite...) ze zbioru *Jeszcze jedno wspomnienie*.

Andrzej Kurylewicz (1932-2007) – kompozytor, pianista, trębacz, puzonista i dyrygent. Autor muzyki poważnej, filmowej, teatralnej i jazzowej. Pionier jazzu w Polsce. Solista, lider własnych zespołów muzycznych: m.in. Sekstetu Organowego Polskiego Radia (1955), Orkiestry Polskiego Radia, Formacji Muzyki Współczesnej i Kurylewicz Trio. W 1966 roku współzałożył wraz z żoną, Wandą Warską, kultową Piwnicę Wandy Warskiej, później Piwnicę Artystyczną Kurylewiczów. Jeden z ważniejszych polskich kompozytorów muzyki filmowej i teatralnej XX wieku (szczególnie ceniony za *Polskie drogi*, *Lalkę*, *Nad Niemnem*, *Pana Tadeusza*). Autor 64 opusów muzyki poważnej: solowej, kameralnej i symfonicznej. Zwolennik poezji. Twórca kilkudziesięciu cyklów pieśni do wierszy m.in. Kochanowskiego, Norwida, Słowackiego, Krasińskiego, Garczyńskiego, Mickiewicza, Puszkina, Rilkego, Mandelsztama, Miłosza, Poświatowskiej, Iwaszkiewicza, Grochowiaka, Herberta, barokowych poetów niemieckich, wierszy Hartwig, Marjańskiej oraz córki – Gabrieli Kurylewicz i piosenek żony – Wandy Warskiej. Laureat Prix Italia w 1981 roku a w 2001 roku Verdienstkreuz I Klasse Republiki Federalnej Niemiec. Kompozytorowi został przyznany wiersz *koniugacja* z tomu *Jeszcze jedno wspomnienie*.

Gabriela Kurylewicz o...

Halina Poświatowska – poetka prawdziwa. Dowiedziałam się o niej z jej wierszy, a ściślej z muzyki, którą z jej wierszy wydobył mój ojciec, Andrzej Kurylewicz – kompozytor pieśni, i moja matka, Wanda Warska – ich wykonawczyni. Zanim zaczęłam chodzić do szkoły i wcześniej, zanim postanowiłam prowadzić swój własny zeszyt, poznałam brzmienie *koniugacji*, a do wnętrza mojej duszy wnikały słowa i tajemnice wierszy Poświatowskiej.
Kurylewicz napisał *4 Pieśni do wierszy Haliny Poświatowskiej* w roku 1972. Pieśni te są – nie można tego nie zauważyć – kongenialne z poezją oryginału, są jej cudownym przedłużeniem. Jest tak dlatego, że ujawniają i przenoszą w obszar śpiewno-instrumentalny ich muzykę wewnętrzną, serdeczną – jej rytm, melodię, poliharmonię i mądrość.
Spośród czterech pięknych pieśni najbardziej ukochałam trzy.
Wiersz *** (ptaku mojego serca...) został przyznany mojej mamie – tak zdecydowała autonomicznie autorka niniejszej książki, Kalina Słomska. Uczyniła sprawiedliwie, bo Warskiej, za jej śpiewanie, taki skarb się bezsprzecznie należy.
Wiersz drugi, *koniugacja*, przyporządkowany został mojemu ojcu. Problem w tym, że Kurylewicz zadania pisemnego nie może terminowo wykonać, bo znajduje się teraz w dalekiej, zaświatowej podróży. Całkiem prawdopodobne, że zamieszkał w drewnianym domu nad morzem i sąsiaduje szczęśliwie z osobliwymi gośćmi innych drewnianych domów, wśród których trzeci lub czwarty z rzędu ma na drzwiach tabliczkę z nazwiskiem w poprawnej, polskiej pisowni: HALINA POŚWIATOWSKA. Choć przecież uznać można i trzeba, że pracę poniekąd Kurylewicz wykonał dawno temu, pisząc do wspomnianego wiersza niezapomnianą muzykę. Wystarczy w spokoju posłuchać, chociażby autorskiej wersji na głos i fortepian, z płyty paryskiej z 1992 roku.
Nie wiem, czym zasłużyłam, że mnie przyznany został z owych trzech, ostatni, niezmiennie piękny wiersz *** (Marianne c'est la petite...). Był wiatr i ulewny deszcz majowy 2013 roku w Warszawie, a ja, bez parasola, siedziałam w kawiarni naprzeciwko Instytutu Filozofii i wyczekiwałam lepszej chwili. Aż usłyszałam najważniejsze w poezji współczesnej nazwisko, dwoje sympatycznych ludzi spojrzało na mnie i nie mogłam, przepraszam, się nie przyłączyć. Tak oto i ja wybrana zostałam, przez dzielną Kalinę Słomską, do napisania moich kilku słów.
Przyznany mi wiersz to liryk metafizyczny. W ramach prostej piosenki o dziewczynie, Mariannie, jest opowiedziana historia śmierci, miłości, samotności, szczegółowości i nieskończoności. W tym drobnym wierszu jest zawarty cały wszechświat i godność, a także piękno naszego nierozumienia. Nic w tym wierszu nie jest wyrażone wprost, a powiedziane jest wszystko w dojmująco powiązanych słowach:

na tym wysokim wąskim
z wiejącymi wstążkami
w ciasne drzewo oprawny
odjechał ukochany

słono świeci samotność
i barwę ma zieloną
dwoje oczu przez palce
pod ścianą taką stromą[21].

[21] ...lina Poświatowska, ...ystkie wiersze, Kraków ..., s. 410.

Zbigniew Myga

Edukacja

Przed wyjazdem Haśki do Stanów nasze wzajemne siostrzano-braterskie stosunki były właściwie żadne. I nie było w tym nic dziwnego, postępująca choroba, coraz gorsze samopoczucie, w końcu nadzieja wyjazdu na operację i cały kompleks działań z tym związanych, skutecznie rujnowały normalne życie rodzinne. Przyjmowałem to jako coś normalnego, bo to w końcu Haśka była najsłabszym ogniwem, które wymagało wsparcia od nas wszystkich. Często spotykam się z pytaniem: „Jak wyglądało życie w rodzinie, w której znalazła się tak niezwykle zdolna osoba?". Odpowiadam, że tego się w ogóle nie zauważa, natomiast życie w rodzinie, obarczonej śmiertelną chorobą, wymaga od domowników pewnej ponadnormatywnej dyscypliny. My byliśmy trochę inaczej wychowywani. O ile ojcu, matce, można było czegoś odmówić, na coś nie mieć ochoty, z czymś się nie zgadzać, o tyle to, co powiedziała Haśka, było święte. Jej polecenia lub choćby nawet tylko sugestie były wykonywane ochoczo i bez zbędnego komentarza.

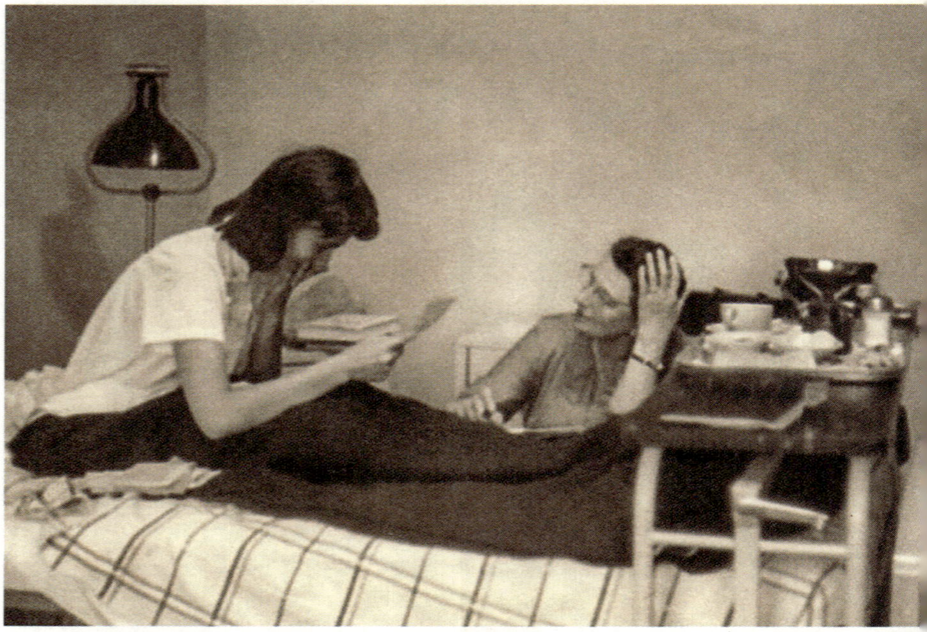

Dopiero w roku 1961, po powrocie do Polski, kiedy rzeczywiście czuła się dobrze, zauważyła moją obecność w domu. Pewnie to zainteresowanie moją skromną osobą było sposobem na zaspokojenie instynktu macierzyńskiego, z czego oczywiście nie zdawałem sobie sprawy.

Fakt faktem, że musiałem bez szemrania poddać się zabiegom edukacyjnym, które mi – oczywiście wbrew mojej woli – serwowała. Krótko mówiąc, uczyła mnie. Nie byłem wprawdzie złym uczniem, ale robiłem błędy ortograficzne częściej niż moi rówieśnicy. Teraz pewnie zostałbym zakwalifikowany jako dysortografik i nie robiono by mi problemów, niestety w latach 60. takie pojęcie nie istniało. Haśka orzekła, że: „Młody się nie uczy, szkoły nie skończy, kariery nie zrobi, więc zostanie pewnie kelnerem i będzie wcinał resztki". (Mój Boże, żebym ja wtedy wiedział, jak fajnie można żyć z napiwków...). Jedzenie resztek mi nie odpowiadało, więc musiałem godzinę dziennie poświęcić na naukę języka ojczystego. Zaczęło się pisanie dyktand. Codziennie, świątek – piątek, nieważne, czy niedziela, czy wakacje, musiałem napisać stroniczkę. Oczywiście teksty wymyślała Haśka. Zapamiętałem małą próbkę, bo błędy trzeba było poprawić i zapamiętać poprawną pisownię. Na przykład „Hrabia Hilary ubił chomika halabardą, po czym wsiadł do wehikułu i wykrochmalił się o hipopotama". I dalej „Hurysa w chórze chichotała chorał". Takie dyktandko zajmowało około pół godziny, a drugie pół godziny musiałem poświęcić na głośne czytanie. Przez rok przewaliłem sześć opasłych tomów dzieł Szekspira. Nie powiem, żeby ta lektura sprawiała mi przyjemność. Jeszcze komedie i tragedie szły jako tako, ale kroniki nie były w stanie mnie zainteresować, jednak wizja konsumowania niedojedzonych kotletów była na tyle silna, że wytrzymałem do końca szekspirowskiego kursu czytania. Okazało się przy najbliższej okazji, że w czytaniu nie mam sobie równych. Dowolny tekst byłem w stanie przeczytać bezbłędnie od pierwszego razu i to z odpowiednią dykcją i intonacją, bo na to też Haśka zwracała uwagę. Ta umiejętność została dostrzeżona w szkole i od tej pory na wszelkich akademiach i apelach służyłem jako herold.

Kiedy w piątej klasie zaczęto nas uczyć języka rosyjskiego, znowu wpadłem w edukacyjne tarapaty. Broń Boże, nie przez brak zdolności, ale wrodzone lenistwo. Nie odrobiłem pracy domowej i na dodatek jeszcze się do tego

Haśka pracująca w łóżku, sanatorium w Deborah

nie przyznałem. Ukarano mnie srodze – dostałem w łapę i do dziennika wpisano mi jedynkę. Zważywszy, że najniższą oceną w tamtych czasach była dwója, kara była bardzo dolegliwa. Na dodatek byłem na tyle nierozsądny, że w domu przyznałem się do kolejnej porażki. Było jak zwykle najpierw sążniste przemówienie matki, a potem Haśka włączyła się do tematu i zaczął się kolejny etap mojej domowej edukacji. W rosyjskiej księgarni zakupiono książkę z opowiadaniami o zwierzakach pod tytułem *Sapogi sobaki*, czyli *Buty psa*. Czytałem tę książkę, siedząc na brzegu rozgrzebanego łóżka Haśki i słowo po słowie, zdanie po zdaniu, ze słownikiem w ręku przebijałem się przez rosyjski tekst. Ta metoda nauczania okazała się niezwykle skuteczna, szczególnie przy nauce języków obcych. Konieczność wyszukania w słowniku nowego słówka sprawiała, że powtarzałem je wielokrotnie, kartkując opasły tom. Opowiadania były naprawdę ciekawe i bardzo śmieszne, ale przymus sprawiał, że manifestowałem swoją niechęć i do języka rosyjskiego, i do nauki w ogóle. Oczywiście moja starsza siostra była głucha na moje nieśmiałe wyrazy niechęci i zachęcała mnie do pracy za pomocą szczotki do włosów przypominającej druciak do czyszczenia zardzewiałych przedmiotów. Udało mi się kilkakrotnie zaliczyć spotkanie z tym kolczastym przedmiotem. Ale tak jak napisałem wcześniej, odwołania nie było. To, co powiedziała Haśka, musiało być wyegzekwowane. Co najdziwniejsze – mimo początkowo niechętnego nastawienia do tej nauki – w głowie jednak sporo zostawało. Po paru tygodniach codziennych lekcji okazało się, że po prostu zacząłem mówić po rosyjsku w miarę płynnie, wręcz polubiłem ten język. Zacząłem czytać wiersze Puszkina w oryginale. Najpierw *Eugeniusza Oniegina*, potem *Rusłana i Ludmiłę*. Byłem urzeczony poezją rosyjską do tego stopnia, że już z własnej nieprzymuszonej woli pokaźnych fragmentów nauczyłem się na pamięć.

Lektura opowiadań o zwierzakach pozostawiła jeszcze jeden znamienny ślad w życiu naszej rodziny. Jedno z opowiadań traktowało o wyjątkowo przechernym kocurze imieniem Kisyn-Misyn. Już zapomniałem, na czym ta szczególność jego charakteru polegała, fakt, że moim siostrom kocur podobał się do tego stopnia, że obydwie chciały nazywać siebie jego imieniem. Nie przeszkadzało im, że kocur był jeden, one dwie. Krakowskim targiem Haśka została Kisynem dużym, a Małgorzata Kisynem małym. Od tej pory zwracały się do siebie per Kisynku duży, Kisynku mały, a pod listami pisanymi wspólnie do rodziców podpisywały się – dwa Kisyny.

Te kocie pseudonimy głęboko zakorzeniły się w tradycji rodzinnej. Kiedy po drugiej tragicznej w skutkach operacji Haśka na krótko odzyskała przytomność, na podstawionej kartce papieru nabazgrała coś podobnego do kota. Obecni przy tym lekarze zaczęli dyskutować, czy operacja serca mogła mieć wpływ na działanie mózgu pacjentki, na co matka powiedziała, że to jest jak najbardziej zrozumiałe. Haśka po prostu chciała zobaczyć siostrę.

Dwa Kisyny, Jaś i Tim, 1965
Haśka z dedykacją dla brata

Halina Poświatowska
veritas

jeśli wyciągnę ręce
i zechcę dotknąć
natrafię na miedziany drut
przez który płynie elektryczny prąd

posypię się
popiołem
w dół

fizyka jest prawdziwa
biblia jest prawdziwa
miłość jest prawdziwa
i prawdziwy jest ból

Stanisław Sojka (ur. 1959) – wokalista jazzowy i popowy, instrumentalista, kompozytor. Absolwent Akademii Muzycznej im. Karola Szymanowskiego w Katowicach. Zadebiutował w 1978 roku recitalem w Filharmonii Narodowej w Warszawie podczas cyklu „Jazz w Filharmonii". Autor ponad dwudziestu albumów studyjnych i koncertowych, specjalizujący się w interpretowaniu standardów jazzowych i soulowych oraz stosowaniu indywidualnego synkopowanego fortepianowego frazowania. Koncertuje na całym świecie, zachwycając publiczność przebojami jazzowymi, soulowymi i popowymi oraz wykonaniami poezji Szekspira, Miłosza i Leśmiana. Laureat Nagrody im. Krzysztofa Komedy w 1989 roku, Nagrody Artystycznej Młody[ch] im. Stanisława Wyspiańskiego w 1990 roku, zdobywca Fryderyka za najlepszy album z muzyką poetycką w 2003 roku. Odznaczo[ny] Krzyżem Kawalerskim Orderu Odrodzenia Polski (2009). Wokalista wybrał utwór *veritas* z tomu *Jeszcze jedno wspomnienie*.

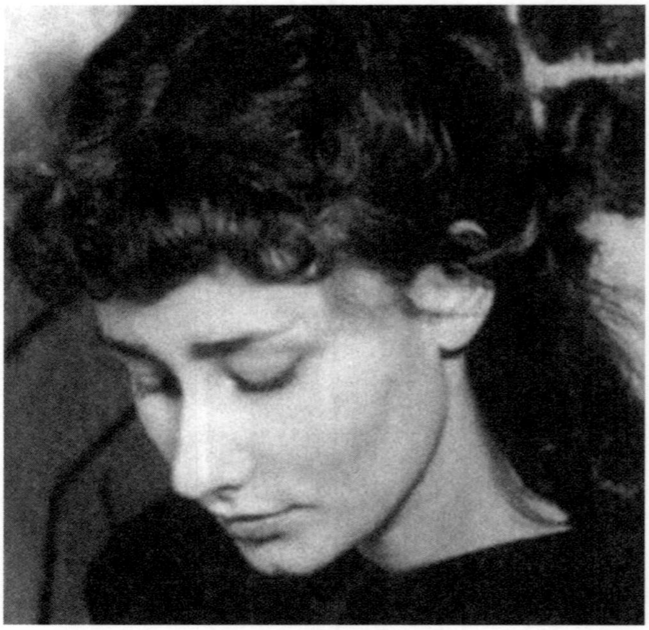

Haśka na tle obrazu męża

Kalina Słomska
Rozmowa ze Staszkiem Sojką o...

S.S.: Przypomniał mi się cały nastrój, jaki pamiętam sprzed wielu lat, kiedy czytałem wiersze Poświatowskiej. Jest to przejmująca poezja – takie studium młodego umierania, ale to jest umieranie poprzez ukochanie życia. Budząca się miłość erotyczna i każda inna, jak w japońskim haiku, jest takim skupieniem na chwili i taką fotograficzną próbą zaklęcia tej chwili w jakąś pamięć, w jakiś obraz. Mówi się, że jak jesteśmy w pobliżu śmierci – to w pewnym momencie po prostu człowiek zaczyna być niezwykle precyzyjny, sekunda po sekundzie, widzi, co się dzieje, wie, co się dzieje. Jest w stanie zachować zimną krew nie z siebie, nie z jakiegoś charakteru, tylko po prostu z takiego specjalnego doładowania.
K.S.: Takiej mobilizacji całego organizmu.
S.S.: Tak, takiej mobilizacji. Poezja Poświatowskiej zdaje się być cała takim momentem. Powiem, jaki wiersz mnie kopnął, nie jeden, ale ten jest niesamowity: *veritas*, czyli prawda. Poczucie humoru i jednocześnie kompletny, bezwzględny tekst.
K.S.: Tekst niepozostawiający nic do dodania.
S.S.: Nic właściwie. Ja nie jestem literaturoznawcą i poezję odczytuję tak, jak odczytuję malarstwo, sztuki piękne – intuicyjnie. Moim zdaniem ze słowem jest inaczej, bo słowo jednak trzeba przeczytać ze zrozumieniem.
K.S.: W Twojej twórczości jest kompozycja do wiersza Haśki...
S.S.: ...a tak.
K.S.: Jak ta kompozycja się narodziła?
S.S.: To się stało w chwili, można powiedzieć, nieuwagi. Ja o wiele wcześniej, w czasach licealnych pierwszy raz zetknąłem się z poezją Poświatowskiej. Ale później, w '92 może '93 roku, znalazłem się w takim momencie twórczo zupełnie jałowym. Pierwszy raz od wielu lat sam przestałem pisać, więc w takich wypadkach dobrze jest po prostu zwrócić się do poezji. I ja nawet nie jestem pewien, czy miałem książkę z tym wierszem. Usłyszałem ten tekst z muzyką Radwana, Stasia Radwana, i pomyślałem sobie – alеż to jest słowo, alеż to jest myśl! To był też taki trudny mój okres prywatny i nagle pojawił się ten wiersz:

ja minę
ty miniesz
on minie
mijamy
mijajmy
[śmiech] i wszystko
„woda liście umyła olszynie"[22],

[22] ...na Poświatowska, ...tkie wiersze, Kraków ... s. 569.

czyli stało się coś bezsprzecznie i nieodwracalnie. Ja jestem z rytu chrześcijańskiego w tym rozumieniu, że do mnie przemawia Ewangelia jako metoda. Mówię o formacji i w tym mieści się też słynne *memento mori*. Ja nie chcę powiedzieć, że medytuję nieustannie o bliskości śmierci, niemniej w jakiś sposób pamiętam o śmierci i się z nią oswajam, bodajże sekundę dziennie – tak świadomie. Nawet napisałem taki wiersz pod tytułem *Memento vitae*, ponieważ uznałem w pewnym momencie, że trzeba żyć, to znaczy, że poza tym, że trzeba pamiętać o śmierci, trzeba pamiętać o życiu i nie zapominać żyć. Kiedy tak mijają dni, nic się nie stało, my po prostu nic nie zauważamy i nagle ktoś umarł...
K.S.: ...odszedł...
S.S.: ...odszedł, tak. I jeszcze wczoraj był, była – miałem być u niego... nie zdążyłem. Mijamy.
K.S.: I co dalej?
S.S.: I co dalej? No dalej trzeba żyć... żyć, żyć!!!

Halina Poświatowska
ostatni wiersz

to już ostatni wiersz
dla ciebie
więcej nie będzie
powiedziałam
potem
zakleiłam list znaczkiem
i wrzuciłam
w podłużny otwór skrzynki
płaskie kwadratowe serce

teraz ludzie chodzą ostrożnie
wokół skrzynki z listami
pytają
co to –
czy w skrzynce z listami
zamieszkał ptak
bo tłucze
skrzydłami o boki
i nieledwie
śpiewa

Teresa Lipowska (ur. 1937) – aktorka teatralna, filmowa i telewizyjna. Zadebiutowała na srebrnym ekranie w 195 roku rolą junaczki w filmie *Pierwszy start* Leonarda Buczkowskiego. Odtwórczyni wiel znakomitych ról, m.in. sierżant Pawlak w *Rzeczpospolitej babskiej* Przybyła, Bigielowej w *Rodzinie Połanieckich* Rybkowskiego czy Jadwigi w dramacie *Tat* Ślesickiego. Aktorka w latach 1957–1985 występowała na deskach Teatru Ludowego (później Nowego) w Warszawie, następnie z – do 1992 roku – w warszawskim Teatrze Syrena. Popularność i sympatię widzów zyskała przede wszystkim dzięki roli Barb Mostowiak w serialu *M jak miłość*. Uhonorowana przez Teatr Polskiego Radia nagrodą Wielki Splendor (2010). Odznaczo Krzyżem Kawalerskim Orderu Odrodzenia Polski (1984) i Srebrnym Medalem „Zasłużony Kulturze *Gloria Artis*" (2007). Wielka wielbicielka poezji. Ulubionym utworem aktorki jest *ostatni wiersz* ze zbioru *Jeszcze jedno wspomnienie*.

Teresa Lipowska o...

Kalinko. Pragnę powiedzieć, że z całą pewnością jestem zakręcona na punkcie poezji. Po prostu poezję uwielbiam. Tak jak uwielbiam przyrodę – nurzam się w zielonościach, kwiatach, drzewach, i tak też jest z poezją. Zwłaszcza gdy jest mi ciężko, biorę do ręki ulubione tomiki poezji, czytam i jest mi od razu dobrze. Wtedy nie czuję się już sama, bo jestem z poezją, bo jestem z tym, kto tę poezję napisał. Staram się wczuć w jego psychikę i myśleć tak jak autor wiersza, albo czasem wręcz odwrotnie, i wtedy jest dialog – mam z kim rozmawiać w myślach – nie jestem sama.
W poezji Haliny Poświatowskiej znalazłam coś cudownego. Jej wiersze są bardzo świeże, a jednocześnie paradoksalnie ogromnie dojrzałe. Zawarta w nich miłość do człowieka, natury i świata zachwyca. Z ogromną ciekawością czytałam biografię poetki, jej zmaganie się z życiem i chorobą. Słowo za słowem, szukam w jej świecie odpowiedzi na pytania nurtujące nas wszystkich. W tych trudnych poetyckich skojarzeniach doszukuję się prawdy o nas samych. Jej kobiecy i delikatny przekaz wiersza w sposób niezwykły nastraja mnie i przenosi w świat pragnień i marzeń. Bardzo trudne było dla mnie wybranie jednego wiersza spośród tylu ulubionych, ale ten wybrałam jak pożegnanie.

Zbigniew Myga

Uroda

Bez wątpienia uroda jest bardzo istotną rzeczą dla wszystkich kobiet na świecie. A dla Haśki – młodej dziewczyny okrutnie pokrzywdzonej przez los – była chyba jeszcze ważniejsza. Przed wyjazdem do Stanów to dbanie właściwie nie rzucało się w oczy. W kraju, gdzie jedynym dostępnym kosmetykiem był krem Nivea, trzeba było sobie radzić inaczej. Oczywiście miałem w tym swój skromny udział, bo ktoś w końcu musiał pobuszować po ogrodowych zaroślach i narwać młodziutkich pachnących wiosną pokrzyw albo nałapać wody deszczowej do mycia włosów. Pokrzywy też służyły jako kosmetyk. Haśka okładała nimi włosy, na tym wszystkim zawiązywała turban z ręcznika i urzędowała w takim zawoju co najmniej przez pół dnia. Co najważniejsze, te zabiegi – rodem z medycyny ludowej – okazywały się być skuteczne. Nasza rodzina nie należała nigdy do ludzi wyposażonych w bujne owłosienie, ale Haśka była posiadaczką czupryny o gęstości porównywalnej z sierścią renifera.

Pobyt w Stanach zaowocował zmianą przyzwyczajeń i metod dbania o urodę. Pewnie było to spowodowane podglądaniem amerykańskich koleżanek, które poza nauką i własnym wyglądem nie miały innych trosk – w końcu Smith College było i pewnie jest do tej pory uważane za szkołę dla córek milionerów. W domu pojawiły się prawdziwe kosmetyki. Kremy Heleny Rubinstein, maseczki kosmetyczne w różnych kolorach. Wprawdzie miałem już dziesięć lat, ale malowanie twarzy na zielono w jakiś nieuzasadniony sposób powodowało u mnie coś w rodzaju strachu. Byłem przyzwyczajony do tego, że nasze domowe kobiety czasami stosowały maseczki z żółtka. Najpierw smarowały się takim koglem-moglem, potem czekały, aż to wszystko wyschnie, aż w końcu po jakimś czasie odrywały to od twarzy w postaci suchych żółtych płatków. Ale może nie to było najważniejsze. Otóż po przyjściu do domu Haśka natychmiast naklejała sobie na czole kawałek szkockiej taśmy samoprzylepnej. Taki pięciocentymetrowy odcinek plastra działał przeciwzmarszczkowo i do tego miał działanie podwójne, bo nie tylko fizycznie utrudniał marszczenie, ale na dodatek kazał pamiętać o panowaniu nad mimiką twarzy.

Haśka chciała te swoje kosmetyczne praktyki przekazać siostrze Małgorzacie. Usiłowała przekonać ją do plastrowej metody zachowania gładkiego czoła, jednak siostra nader niechętnie poddawała się takim praktykom. Trzeba było zastosować inny rodzaj perswazji. Ktoś coś śmiesznego powiedział, Małgorzatka oczywiście marsz-

Haśka przed lustrem, 1958

czyła się jak suszone jabłko, więc po kilku srogich napomnieniach dostawała w pysk, no to zaczynała płakać, przy czym marszczyła się jeszcze bardziej. Wtedy dostawała z drugiej strony i już była pomarszczona w kratkę. Haśka uważała, że kobieta dbająca o urodę musi płakać i śmiać się bezzmarszczkowo.

Uroda siostry dla brata – szczególnie dużo młodszego brata – jest dekoracją raczej obojętną, szczególnie gdy nie można tego skonfrontować z odmienną opcją. Tak się złożyło, że nie miałem żadnej brzydkiej siostry, a obydwie moje, były niezwykle urodziwe. Na dodatek Haśka należała do bardzo rzadkiego gatunku kobiet świetlistych. Gdziekolwiek wchodziła, tam robiło się jaśniej. Nie sposób było nie zauważać spojrzeń obecnych i to niezależnie od płci. Zarówno mężczyźni, jak i kobiety pojawienie się Haśki w towarzystwie kwitowali bezgłośnym, ale dającym się zauważyć wyrazem aprobaty.

Jedną z moich braterskich powinności było zdobywanie dla Haśki miejsc siedzących w środkach lokomocji publicznej. Gdy autobus podjeżdżał na przystanek, nie patrząc na wysiadających pasażerów, nurkowałem między nich, by dopaść zwolnione miejsce. Jak za dotknięciem czarodziejskiej różdżki stawała nade mną jakaś starsza pani – dziwne, nie pamiętam, żeby kiedykolwiek był to mężczyzna – i scenicznym szeptem mamrotała na cały autobus: „Taki młody i siedzi, taki młody i siedzi", usiłując zachęcić mnie do ustąpienia jej miejsca. Odgryzałem się, że ja to miejsce dla chorej siostry zająłem. Tłumaczenie odnosiło pewien skutek, ale kiedy przychodziła ta moja chora siostra, po której nie było widać żadnych oznak choroby, to znowu rozlegał się w autobusie zduszony szept: „Taka młoda i siedzi, taka młoda i siedzi...".

Obraz Haśki byłby niepełny, gdybym nie wspomniał o strojach. Dziewczyny, które studiowały w Smith College, ubierały się bogato i zgodnie z nakazami mody światowej, a że zbyt częste pokazywanie się w tej samej kreacji nie było dobrze odbierane przez ogół, więc takimi „znoszonymi" sukienkami obdarowywało się gorzej sytuowane koleżanki. Haśka przywiozła ze Stanów spory zapas odzieży, więc na ulicach szarego peerelu wyglądała jak rajski ptak wśród wróbli. Na dodatek dosyć często przyjaciółki dosyłały jej kolejne ciuchy. Był nawet z tym pewien kłopot, bo wprawdzie rzeczy używane były zwolnione z cła, ale to, co przychodziło w paczkach, było prawie nowe, więc nastręczało celnikom trudności w ocenie. Pamiętam, jak para butów była opisana następująco – „Obuwie damskie nowe z upozorowaniem śladów chodzenia". Oczywiście pociągało to za sobą naliczenie stawki celnej.

Nie wszystkie ciuchy przyjeżdżały z zagranicy. Coś tam trzeba było uszyć z krajowych materiałów i w tym przypadku pomocą służyła sąsiadka z bloku naprzeciwko, która uważana była za świetną krawcową. Wzory czerpano z katalogów zachodnich sklepów wysyłkowych, które w komunistycznej rzeczywistości robiły za żurnale. Takie wydawnictwa egzystowały aż do zaczytania przez wiele lat. Prezentowane fasony ubrań już dawno wyszły z mody, ale nikt na to nie zwracał uwagi. Ważne, że były kolorowe i zachodnie. Kiedy w roku 1965 Haśka szykowała się na wyjazd do Paryża, obowiązek przygotowania odzieżowej wyprawki spadł oczywiście na sąsiadkę krawcową. Kiedy po powrocie Haśka

Haśka i Małgorzata w Spychowie, 1964
Haśka i Małgorzata w Cetniewie, 1964

pojawiła się w domu, pani krawcowa natychmiast zjawiła się z pytaniem – „Pani Hasiu, jak się pani czuła w tych ubraniach, które pani uszyłam?". Haśka odpowiedziała z właściwą sobie szczerością – „Wie pani co, jak ostatni żebrak". W Paryżu dziewczyny chodziły poowijane szmatkami, zwykła chusta odpowiednio zawiązana służyła za bluzkę. Solidne garsonki uszyte z masywnych tkanin wyglądały komicznie na paryskich ulicach. Ilekroć spotykam sąsiadkę krawcową – teraz już damę w bardzo słusznym wieku – to przypominam sobie tamten epizod i jej kwaśno-zaskoczoną minę.

W roku 1964 kadra polskich bokserów przygotowywała się do olimpiady w Tokio w luksusowym jak na owe czasy ośrodku w Cetniewie. Przyjaciółka Haśki – Anna – pełniła na tym zgrupowaniu rolę nadwornego psychologa. Warunki mieszkaniowe były wspaniałe, jedzenia w bród, więc Anna zaprosiła moje siostry, czyli Haśkę i Małgorzatę, na darmowe wakacje. Chłopcy pod wodzą Papy Stamma wylewali siódme poty na ringu i w salach gimnastycznych, a dziewczyny sekundowały im dzielnie. Kiedy wróciły do domu, w ślad za nimi zaczęły nadciągać listy od zakochanych bokserów. Listy były nieortograficzne, niegramatyczne, widać chłopcy nie przywiązywali większej wagi do nauki języka polskiego. Haśka i Małgorzata wymieniały się tymi listami i zaśmiewały do rozpuku, a moje serce trzynastolatka po prostu wyło. To przecież byli moi idole! W głowie nie mogłem sobie pomieścić, jak można się było w bezczelny sposób nabijać z takich mistrzów. A potem przyszła olimpiada. Nasi bokserzy odnieśli niesłychany sukces. W sumie sześć medali w różnych kolorach – najlepszy występ naszych sportowców w dziejach występów olimpijskich. Ja nie miałem wątpliwości, że to nie trening, a uroda moich sióstr spowodowała, że nasi chłopcy wznieśli się na wyżyny sztuki mordobicia.

W Spychowie, 1964

„zgarnij mnie oczyma/ będę drżała...", 1958

Halina Poświatowska [list do matki]

Kraków 14 III 1967

Mamci kochana,

Czekam na Margośkę[23], bo mamy iść na obiad do „Warszawianki", a potem ja pójdę na te ćwiczenia. List Twój przyszedł przed chwilą. Popatrz, to Ty jesteś zapóźniona z informacjami. Margośka zdała administrację[24], tylko że zdała na trójkę, więc się nie pochwaliła, a niesłusznie, bo ja na przykład wcale bym tego nie zdała. To jeszcze gorsze niż wszystkie kodeksy – strasznych i ponurych rzeczy dziecko się uczy.

Jaś nie może dostać pracy w Krakowie na przyszły rok („Słowacki" i ten w Nowej Hucie[25] mu odmówili), bo podobno zaczął się starać za późno, trzeba w okresie Bożego Narodzenia, jeszcze przed Nowym Rokiem. Zostaje więc jeszcze na jeden rok w Rzeszowie. (...) mam ochotę, i już nawet robię starania o to, żeby sobie wziąć bezpłatny urlop na rok na robienie pracy doktorskiej. Będę sobie mieszkała częściowo w Rzeszowie, częściowo w domu, może do sanatorium pojadę do Nałęczowa, zobaczę – w każdym razie odpocznę od ćwiczeń, które mnie właściwie zaczynają z lekka nudzić. Nie można tak ciągle robić tego samego.

Margoś miała katar, ogromny, i zdaje się, że mnie tym katarem zaraziła, bo teraz ja mam, chociaż znacznie mniejszy. Podejrzewam, że dostała tego, bo się z futerka rozebrała, właśnie wtedy, kiedy było tak ciepło. Teraz już z powrotem w futerku goni. A ja jestem ciągle śpiąca, ciągle zmęczona i nic mi się właściwie nie chce. Na Święta czekam – dobrze, że już niedługo. Aha, kup różnych nasion w piątek na rynku, proszę cię bardzo, kwiatków: maciejkę, nasturcję, groszek pachnący i jeszcze inne, i cebule też kwiatków – to je z Jasiem wsadzimy, potem będą nam rosły – i róż trzeba by dokupić. Anna też będzie siać, ona się już czuje lepiej i przyjedzie na pierwszy dzień Świąt, kazałam jej napisać dokładnie – kiedy.

Trochę się boję, żeby nie zechcieli się mnie pozbyć na dobre z tego Uniwersytetu w związku z prośbą o urlop, ale chyba nie powinni – w końcu pretekst jest całkiem rozsądny. I napisałam podanie do Literatów o stypendium na trzy miesiące – kwiecień, maj, czerwiec, powinni dać, najmniej tysiąc złotych, a w jesieni będę żebrać o zasiłki.

Całuję Cię bardzo mocno, bądźcie zdrowi, bo mi się od tych plotek i halniaków zmory śnią w nocy i potem bardzo się biję. Coś Margosi nie widać.

Halina

Przyleciała z wywieszonym ozorem! I została sklęta.

[23] Teresa Małgorzata Poręb młodsza siostra Poświatows

[24] Egzamin z prawa administracyjnego.

[25] Teatr im. Juliusza Słowac w Krakowie i Teatr Ludowy w Nowej Hucie.

„Jakiej czułości trzeba powiedz/ żeby rozproszyć cienie pod oczyma...", 1958

„Frunął okręt/ na horyzoncie pozostały/ twoje dłonie uniesione białe...", 1958

Halina Poświatowska

***

kto potrafi
pomiędzy miłość i śmierć
wpleść anegdotę o istnieniu
zgarniam brunatne plastry książek
nasłuchuję brzęczenia słów
pomiędzy miłość i śmierć
wpleść
nikt nie potrafi

i tylko czasem
naprzeciw słońca
w zmrużonych oczach błysk
chwila roztrącona na tęczę
twarzą w twarz
naprzeciw słońca
w oślepłych oczach
treść niknąca...
na krańcach
miłość śmierć

Adam Nowak (ur. 1963) – lider, autor tekstów, wokalista i gitarzysta zespołu Raz, Dwa, Trzy. Wprawdzie nie ukończył żadnej szkoły artystycznej, jednak jego piosenki charakteryzują się niebywałą poetyckością. Na początku kariery występował w zielonogórskich kabaretach: Drugi Garnitur, Grupa Działań Odurzających – Kibuc oraz Potem. W 1990 roku założył zespół Raz, Dwa, Trzy, z którym wydał dotychczas dziesięć albumów i zdobył kilka Fryderyków, m.in. w kategoriach „Piosenka roku" czy „Grupa roku". Szczególnym uznaniem krytyków i słuchaczy cieszyła się płyta *Trudno nie wierzyć w nic*. Uhonorowa w 1997 roku nagrodą Polskiego Radia Kraków za muzykę do filmu *Historie miłos* w reżyserii Jerzego Stuhra, a w 2005 rok Nagrodą im. Jacka Kaczmarskiego za całokształt twórczości. Wokalista wytypow wiersz *** (kto potrafi...) z tomu *Dzień dzisiejszy*.

Haśka, ok. 1953

Adam Nowak o...

Kto potrafi...? Halina wiedziała, że nikt nie potrafi. I była to wiedza wynikła z najgłębszego, lecz na wskroś bolesnego odczuwania świata, pomieszana z zachwytem nad nim. Przemieszana z umiejętnością totalnego kochania, z tęsknotą za jeszcze większą, obszerniejszą, zachłannie kobiecą miłością. Za miłością „bez względu". Za miłością unikającą znieczulenia. Kochający „naprawdę" bierze każde cierpienie ukochanej osoby na siebie. I nie liczy się z żadnym kosztem. To ten rodzaj miłości połączony bezpośrednio z instynktem. To miłość umiejąca znosić wszystkie lęki, wątpliwości, cierpienie obdarowanego ukochanego. Pomieszana jest u Haliny kruchość z precyzją nazywania czegoś niedostrzegalnego dla innych. Jakby lapidarna doniosłość albo odwrotnie. „Jakby" – ponieważ to tylko przypuszczalnie nieumiejętna próba zdefiniowania. Zdefiniować odczuwania nie można. To tylko i aż odczuwanie. U Haliny – odczuwanie bez skóry.
Halinę można postrzegać jako osobę filtrującą świat przenikający przez Nią. Czyli robiła to, co jest największym darem poety. Poeta jednak płaci cenę za wpuszczanie tego świata w sferę swojej wrażliwości. Wrażliwość kosztuje. Umiejętność „soczewkowania" świata była darem, od którego nie mogła się uwolnić. Ale coś, co inni postrzegają jako dar, było dla Niej czymś w rodzaju przypadłości. Przypadłość jako niemożność niepisania. Niemożność niebycia poetą. Poetę zaopatruje się w odwagę zderzania swojej wrażliwości z całym dobrem, ale i z całym złem tego świata.
To jedna z tych poetek, które potrafiłyby odmierzyć wagę tęczy. Dostrzegać światło w czerni. Zaśpiewać ciszą najpiękniejszą i równocześnie najsmutniejszą piosenkę:

kto potrafi
pomiędzy miłość i śmierć
wpleść anegdotę o istnieniu
zgarniam brunatne plastry książek...[26].

[26] ...lina Poświatowska, ...wstkie wiersze, Kraków ..., s. 176.

Pytanie fundamentalne. I brak odpowiedzi na nie. Ponieważ nie ma odpowiedzi. I jak każdy wrażliwy, ale i pokorny wobec niemożliwego, Halina przechodzi do czynności banalnej. Skoro się nie da, to robi to, co jest w zasięgu możliwości. Nie z powodów praktycznych. Raczej dlatego, że od tego pytania uwolnić się nie sposób. Podobne pytania nie opuszczają tego, który pyta. Zadra braku odpowiedzi zostaje. Blizna bez rany.
„zgarniam brunatne plastry książek...".
I tu jest moja wielka słabość i wzruszenie dla Haliny. Dla tej umiejętności połączenia metafizyki z banalnością codziennej czynności. To obraz poetki rozdartej między dwoma najważniejszymi zjawiskami i zdarzeniami w życiu. W żadnej księdze nie znalazła odpowiedzi. Bo nikt jej nie zna. Księgi i mądrości w nich spisane są do zwinięcia. Okazały się zbędne. Ich kolor nie budzi sympatii.
Nic dla odczuwających pełnię własnego życia nie jest ważniejsze od miłości. I nic ważniejsze od śmierci. I Halina w swój jedyny, autonomiczny sposób potrafiła o tym powiedzieć. Zamknąć, w krótkich najczęściej tekstach, odwagę umierającego. Stratę zabranego przedwcześnie czasu.
Jej twarz nie nosi znamion rozczarowania wyrokami losu. Pozostała krystalicznie piękna. Obdarowana szlachetnością wzruszenia i niepospolitą, wyróżniającą się urodą.
W zmaganiu z wyrokami losu Halina nie utraciła najważniejszego. Jakby istniała w niej jakaś enklawa, pozwalająca zachować czułość. Czułość do siebie, do bliskich, do tła, które otaczało ją, nie odwdzięczając się należną Jej czułością.

Halina Poświatowska

***

kiedy umrę kochanie
gdy się ze słońcem rozstanę
i będę długim przedmiotem raczej smutnym

czy mnie wtedy przygarniesz
ramionami ogarniesz
i naprawisz co popsuł los okrutny

często myślę o tobie
często piszę do ciebie
głupie listy – w nich miłość i uśmiech

potem w piecu je chowam
płomień skacze po słowach
nim spokojnie w popiele nie uśnie

patrząc w płomień kochanie
myślę, co się też stanie
z moim sercem miłości głodnym

a ty nie pozwól przecież
żebym umarła w świecie
który ciemny jest i który jest chłodny

Ewa Lipska (ur. 1945) – poetka i felietonistka. Pierwsze utwory publikowała w „Życiu Literackim" i „Dzienniku Polskim". Autorka ponad trzydziestu tomów poetyckic przetłumaczonych na kilkadziesiąt języków. Członkini Związku Literatów Polskich, Stowarzyszenia Pisarzy Polskich, polskiego i austriackiego PEN Clubu oraz Polskiej Akademii Umiejętności. W latach 1970–198 pracowała w Wydawnictwie Literackim jak redaktor działu poezji, dziesięć lat później dołączyła do zespołu redakcyjnego „Dekady Literackiej", a w latach 1995–1997 piastowała stanowisko dyrektora Instytutu Polskiego w Wiedniu. Laureatka wielu nagród: Fundacji im. Kościelskich (1973), Fundacji im. Alfreda Jurzykowskiego (199 Nagrody Literackiej Gdynia (2011). Odznaczona Srebrnym Medalem „Zasłużony Kulturze *Gloria Artis*" (2005). Poetka wybrała wiersz *** (kiedy umrę kochanie... ze zbioru *Wiersze z lat 1963–1967*.

Ewa Lipska o...

Pani Kalino, to mój ulubiony i nie oddam go nikomu...
Serdecznie Ewa Lipska.

kiedyś umrę kochanie
gdy już ze świecie zstąpię
i będzie długim przedświtem, raczej smutnym

czy mnie wtedy przygarniesz
ramionami ogarniesz
i naprawisz to popsuty los okrutny

często myślę o tobie
często piszę do ciebie
głupie listy w nich miłość i uśmiechy

potem w piecu je chowam
płomień skacze po słowach
niech spokojnie w popiołach się uśnie

patrzę w płomień kochanie
myślę, co się tam stanie
z moim sercem miłości głodnym
a ty nie pisz przecie
żebym umarła w świecie
który czarny jest, który jest chłodny

Zbigniew Myga

Goście

Częstochowa jest miastem ubogim w zabytki. Mamy jeden istotny i przy okazji duży. Oczywiście mam na myśli Jasną Górę. Goście Haśki, którzy odwiedzali nasz dom, byli obowiązkowo prowadzeni do klasztoru. Stosunkowo często odwiedzała nas Karolina.

Karolina urodziła się w Stanach, ale jej rodzice byli polskimi emigrantami, więc z domu rodzinnego wyniosła niezłą znajomość języka polskiego. Była historykiem sztuki i pracowała w Metropolitan Musem of Art. Haśka poznała ją na jakimś wieczorku polonijnym w Nowym Jorku. Dziewczyny zaprzyjaźniły się, nawet jakiś czas mieszkały razem. Wprawdzie Karolina była specjalistką od sztuki Dalekiego Wschodu, ale – będąc w Europie – odwiedzała znane miejsca. Do Częstochowy przyjechała prosto z czeskiej Pragi i szeroko rozwodziła się nad urodą wówczas jeszcze czechosłowackich zabytków. Spodziewaliśmy się, że podobne wrażenie zrobi na niej wizyta w sanktuarium jasnogórskim. Zawiedliśmy się sromotnie, wprawdzie kaplica Matki Boskiej była po kapitalnym remoncie, ale hebanowy ołtarz z biało-srebrnymi detalami był skąpo oświetlony, w kaplicy panował półmrok, żadnego przepychu. Kwintesencją oszczędnego komentarza Karoliny było to, że gdyby to robili Czesi, to kaplica kapałaby od złota, a ołtarz z cudownym obrazem byłby rzęsiście oświetlony. W tym momencie moja matka wykazała się niezwykłym refleksem i wyciągnęła jak asa z rękawa dziwny argument. Zapytała, a jak by Matka Boska – w końcu nazywana na świecie czarną madonną – wyglądała jasno oświetlona? – Jak Murzynka? Trafiony, zatopiony. Więcej komentarzy nie było. Natomiast jarmarczno-odpustowy, wyzłocony i pomalowany w papuzie kolory kościół główny wzbudził wyłącznie pozytywne odczucia.

W roku 1964 Haśka przywiozła na święta angielskiego lorda, właściwie jeszcze nie lorda, lecz przyszłego dziedzica lordowskiego tytułu. Leslie studiował na UJ-ocie historię narodów Związku Radzieckiego i w jakiś dziwny, i trudno powiedzieć, czy w uzasadniony sposób zaistniał w społeczności krakowskiej. Jan Izydor Sztaudynger napisał o nim fraszkę, profesor Andrzej Stopka zamieścił w „Życiu Literackim" jego karykaturę. Jednym słowem: był osobą nietuzinkową. Pierwszy raz przyjechał do nas na święta Bożego Narodzenia. Przywiózł rzecz niespotykaną, a mianowicie magnetofon i kilkanaście godzin nagrań prawdziwego jazzu. Koniecznie musieliśmy wysłuchać wszystkich nagrań. Siostrom pewnie się to podobało, ja natomiast słuchałem bardziej z obowiązku niż z ochoty. Prawdę mówiąc, taka awangardowa wówczas muzyka nie powaliła mnie na kolana. Po raz drugi Leslie odwiedził nas na Wielkanoc i właśnie wtedy w Wielką Sobotę zaprosiliśmy go do klasztoru. Akurat trafiliśmy na odsłonięcie cudownego obrazu. Przy dźwiękach trąb, kotłów i werbli srebrna płyta uniosła się w górę, pokazując twarz madonny. Naród w pokornych pozach wił się po posadzce, a Leslie stał niewzruszony. Haśka ciągnie go za rękaw, ten nie rozumie, o co chodzi, w końcu

Matka i Anna Orłowska, lata 60.
Karolina Karpińska, lata 50.

przybrał pokorniejszą postawę, ale zaczął wyciągać papierosy. Znowu trzeba mu było tłumaczyć, że w klasztorze nie wypada palić. Natomiast w Wielką Niedzielę zdarzyło się coś, co zupełnie rozbiło wewnętrzny spokój Anglika. W Częstochowie od niepamiętnych lat panował zwyczaj głośnego świętowania zmartwychwstania Chrystusa. Strzelało się ze wszystkiego, co było w stanie wydać głos. Z karbidu, kalichlorku, z korków, kapiszonów, ale to jeszcze nic. Wokół Częstochowy były czynne kopalnie rud żelaza, a górnicy – naród bogobojny i tradycję szanujący – mieli dostęp do prawdziwego dynamitu i oczywiście robili z niego użytek. Kanonada trwała od czwartej rano. Szyby w oknach się trzęsły. Leslie wyskoczył z łóżka w gaciach z okrzykiem – „Halina! Bloody revolution!" – był przekonany, że właśnie do przedmieść Częstochowy docierają ruskie czołgi. Nie dało mu się wytłumaczyć, że to tylko taki niewinny obyczaj, nawet dodatkowa butelka goldwassera zakupionego w Peweksie nie pomogła. Leslie pierwszym pociągiem wrócił do spokojnego Krakowa, nie doczekawszy świątecznego obiadu.

Nie tylko tradycyjne święta były obchodzone hucznie na ulicy Jasnogórskiej. Do kanonu imprez należały również imieniny rodziców obchodzone w gronie rodziny i przyjaciół. W maju 1962 roku przy stole biesiadnym spotkali się przyjaciółka Haśki – Agata, i kolega ojca – adwokat Józek. Agata, aktorka krakowska, kobieta niezwykle urodziwa, zrobiła wielkie wrażenie na obecnych panach. Po kilku mniej lub bardziej nieudanych próbach nawiązania kontaktu w końcu Józkowi udało się znaleźć platformę porozumienia: „Pani Agato" – powiedział. „Pani jest aktorką, a ja adwokatem. Oboje pracujemy głosem... Pani tak pięknie wymawia słowa, czy mogłaby pani przekazać mi nieco z tajemnic pani warsztatu?". Agata oczywiście zgodziła się i natychmiast rozpoczęła lekcję: „Panie Józefie" – powiedziała. – „Niech pan powie na przykład wyraz – sowa". Józef – „Sowa", Agata – „No, nie tak, panie Józefie, przepona musi być wyżej, usta otwarte inaczej, niech pan posłucha i powtórzy". Agata – „Sowa", Józek – „Sowa". – „No, nie tak, znowu źle, niech pan patrzy na moje usta". Agata –„Sowa", Józek – „Sowa. – Sowa, – sowa, – sowa, – sowa". Lekcja trwa w najlepsze. Kolejka zatrzymana na wiele minut, kielichy nalane, towarzystwo się niepokoi, a tu sowa i sowa, sowa i sowa. W końcu ojciec podniósł się z miejsca, podszedł do Józefa, palnął go otwartą ręką w plecy i powiedział – „Józiu, powiedz »sowa« i napijmy się". Powiedzenie ojca zagnieździło się w domowym dialekcie. Od tej pory, gdy ktoś zbyt długo przynudzał przy stole, mówiło mu się: „Józiu, powiedz »sowa«". Od razu wiadomo było, o co chodzi.

Andrzej Stopka, *Leslie Collins*, „Życie Literackie", 1964
Ireneusz Morawski, lata 50.

Halina Poświatowska [list do matki]

25 V 1961

Moje Kochanie,

Nie wolno Ci się niczym martwić, ja czuję się dobrze i wybieram się do domu – adresu żadnego nie mogę podać, bo wygląda na to, że ten ostatni miesiąc przejeżdżę po Ameryce. Zaproszenia mi się sypią jak z rogu obfitości... Dwa tygodnie temu mało mnie szlag nie trafił, bo miałam dwa eseje napisać i nie mogłam sobie poradzić z nimi, a raczej ze sobą. Załadowałam się do tutejszego szkolnego szpitalika i w ciągu sześciu dni pisałam, aż skończyłam obydwa – pisałam je rzeczywiście tylko dwa dni – potem mi jedna dziewczyna przepisała na maszynie. I obydwa są B+, to znaczy całkiem świetnie – i w takim razie mam tylko jeszcze dwa egzaminy: niemiecki i logikę. Nic nie robię, wożę się po stawie łódką, leżę w krzakach i opalam się... [...] Caroline była w tamtym tygodniu, strasznie kręciła nosem – nic się jej nie podobało i bardzo się dziwiła, że ja mogłam tu dwa lata wysiedzieć. Teraz w przybliżeniu powiem Ci, co będę robiła po ukończeniu tego interesu. Pojadę na trzy dni do Bostonu [3 VI–6 VI], potem do Maine nad ocean [6 VI–10 VI], potem z powrotem na Graduation do Northampton – wiesz, te wszystkie oficjalne uroczystości – potem – prawdopodobnie, ale jeszcze nie wiem na pewno [13 VI–19 VI] do Waszyngtonu, potem do New Yorku, do Caroline [20 VI–7 VII], potem do Northampton [7 VII–10 VII], potem do Montrealu [10 VII–11 VII], potem do domu. W międzyczasie jeszcze może załatwię Deborah i Plainfield. [...] I widzisz, ja jestem tak okropnie niespokojna, taka absolutnie rozedrgana, że tylko w aucie, które jedzie szybko, mogę mieć odrobinę spokoju. Kiedy wiem, że nie muszę czekać, że jadę. Gdybym musiała przesiedzieć te ostatnie dni na jednym miejscu, wściekłabym się pewnie.

Pewnie, że mi ich żal, jak jeszcze... przecież ich nigdy więcej nie zobaczę, ani miejsc, ani ludzi... dobrzy są i piękne są niektóre miejsca... tylko nie to i nie tak, jeśli samotnie. [...] Więc do 11 VI pisz na adres szkoły, a potem na adres Caroline. Potem już nie pisz – czekaj...

Halina

Haśka nagrywa swoje wiersze, 1961

„czekać na ciebie/ czynność bez końca...", 1961

Halina Poświatowska

***

ptaku mojego serca
nie smuć się
nakarmię cię ziarnem radości
rozbłyśniesz

ptaku mojego serca
nie płacz
nakarmię cię ziarnem tkliwości
fruniesz

ptaku mojego serca
z opuszczonymi skrzydłami
nie szarp się
nakarmię cię ziarnem śmierci
zaśniesz

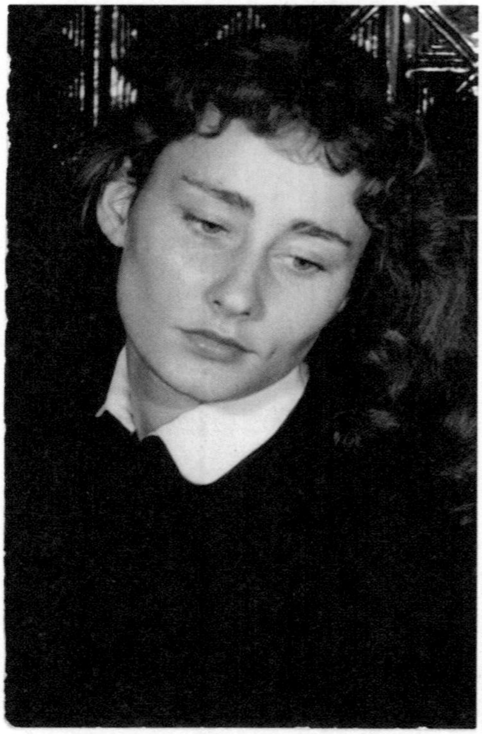

„z kwiatów jestem/ z ptasiego skrzydła...", 1958

Wanda Warska (ur. 1932) – śpiewaczka jazzowa, pieśniarka poezji, główna wykonawczyni pieśni i piosenek Andrzeja Kurylewicza. Autorka piosenek do własnych tekstów i wierszy Kochanowskiego, Mickiewicza, Gałczyńskiego. Malarka, autorka min. 20 wystaw indywidualnych. Założyła wraz z Kurylewiczem Piwnicę Artystyczną Wandy Warskiej, znajdującą się od 1965 roku na Nowym Świecie 24, a od 1966 na Rynku Starego Miasta 19 w Warszawie. Piwnicę Artystyczną, od 19 roku Piwnicę Artystyczną Kurylewiczów, przekazała w 2007 roku córce, Gabrieli Kurylewicz. Występowała w Europie i Ameryce Łacińskiej. Autorka muzyki do filmu *Karino*, a wraz z Kurylewiczem autorka i wykonawczyni improwizowanej muzyki do filmu *Pociąg*, nagrała ponadto muzykę do filmów: *Pingwin*, *Cyrograf dojrzałości*, *Wszystko na sprzedaż*. Bezkompromisowa animatorka przedsięwzi artystycznych. Mecenas sztuki wysokiej. Założycielka Fundacji Piwnica Artystyczna W. Warskiej i A. Kurylewicza. Wyborem z jej ogromnego dorobku są płyty: *Kurylewicz Warska Niemen*, *Piosenki z Piwnicy Wandy Warskiej*, *Kochanowski*, *Wyspiański* oraz dziesięciopłyt *Wanda Warska – Piosenki z Piwnicy 2004*. Uhonorowana polskimi Krzyżami Zasługi, Kawalerskim i Oficerskim, a w 2001 roku niemieckim Bundesverdienstkreuz I Klasse. Wokalistce został przyznany utwór *** (ptaku mojego serca...) z tomu *Jeszc jedno wspomnienie*.

Wanda Warska o...

Poezję Haliny Poświatowskiej śpiewam od 45 lat aż do dzisiaj. Przez te wszystkie lata była ze mną i bardzo pomagała mi w życiu. Ludzie odbierali jej wiersze – śpiewane – w sposób niezwykle piękny, powiedziałabym – jak święte pieśni. Śpiewałam teksty różnych znakomitych poetów, ale Poświatowska była zawsze najważniejsza. Aby móc je zaśpiewać, musiałam przyśpieszyć okres swojego dojrzewania do jej poezji. Jej wybrane wiersze stały się dla mnie koniecznością, życiem, wielką siłą, która dawała mi niezwykłą moc.

Mimo że tak długo śpiewam te wiersze, udało mi się je interpretować tak, że nikomu nie przeszkadza mój przekaz i ludzie odbierają go w niezwykle wdzięczny sposób, tak jakby to była ich interpretacja. Z całych sił starałam się, żeby muzyka, niezwykle piękna, nie odebrała słuchającym czytelności wiersza. Poezja Poświatowskiej pisana jest czystą czułością, a świat tam przedstawiony jest tak dojrzały, że aż trudno uwierzyć w to, iż maluje go tak młoda poetka.

Kalina Słomska

Rozmowa z Wandą Warską o...

K.S.: **A Pani ulubiony wiersz?**

W.W.: To jest, absolutnie, na pewno *** (ptaku mojego serca...). Ten wiersz wymaga bardzo dobrego akompaniatora. Ja miałam najlepszego – Andrzeja Kurylewicza. Dwaj inni, którzy robili to równie dobrze – to Jagodziński i Karolak. Niezwykłą niespodziankę zgotował mi Leszek Możdżer swoim pomysłem, aby wiersz powtarzać i śpiewać w innej tonacji. Śpiewanie z nim to niezwykła rzadkość – ale jaka przyjemność.

K.S.: **Spotkała się Pani z Haliną Poświatowską. Jak ją Pani wspomina? Co Pani zapamiętała?**

W.W.: Ja ją zapamiętałam w szarym kolorze, w takim zmierzchu, w jakimś jednak wielkim smutku.

K.S.: **Jeśli moglibyśmy sobie tak powyobrażać, pomarzyć, to jak w dzisiejszym świecie, w dzisiejszych realiach wyobraziłaby sobie Pani Halinę?**

W.W.: Ja myślę, że byłaby dokładnie taka sama – tylko zdrowa.

K.S.: **Też w kolorze szarym?**

W.W.: Jednak tak, bo wydaje mi się, że szary jest jednym z najpiękniejszych kolorów.

K.S.: **Mnie też się tak wydaje, bliski srebra.**

W.W.: Tak, ten kolor jest absolutnie niedoceniony, ale myślę, że przed nim wielka przyszłość. Chciałabym jeszcze wrócić do tego, jak publiczność słucha, odbiera śpiewaną przeze mnie poezję Poświatowskiej. Gdyby Pani tak moimi oczami zobaczyła tę publiczność, słuchającą wierszy w mojej interpretacji, gdyby Pani zobaczyła ten zachwyt!!! Ja miałam ogromną satysfakcję, ten zachwyt publiczności to skarb. Tylko tak to można określić. Skarb nieporównywalny z niczym. Ja nie mogłam na koncercie nie zaśpiewać Poświatowskiej.

K.S.: **Gdyby Pani miała zachęcić kogoś do czytania poezji, to w jakich słowach by to Pani ujęła?**

W.W.: Musisz!!! (śmiech)

K.S.: **Krótko. Musisz!**

W.W.: Musisz!

K.S.: **(śmiech) Wspaniale. Dziękuję ślicznie.**

W.W.: Choćby dlatego, że wśród poetów jest ktoś taki jak Halina Poświatowska.

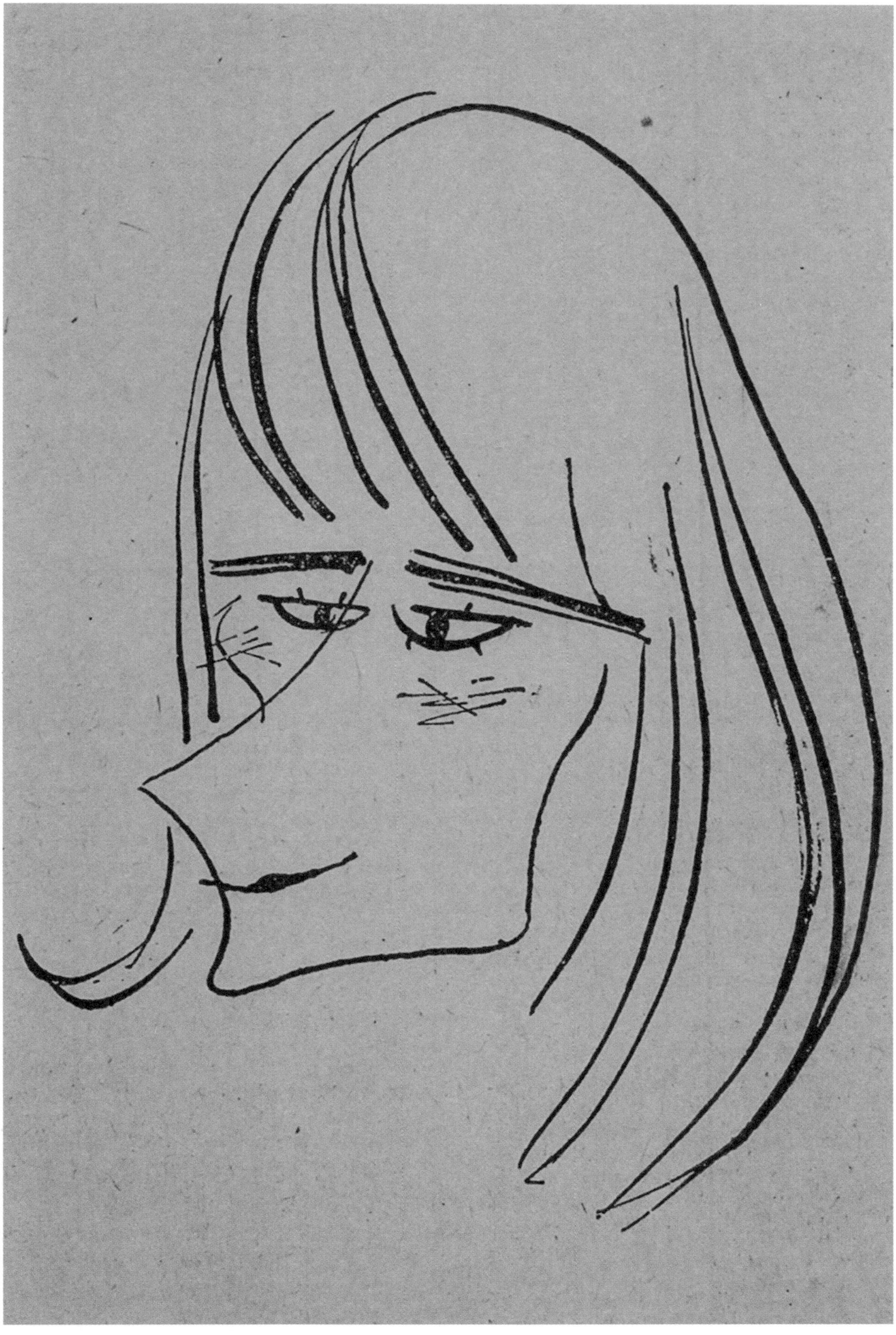

Andrzej Stopka, karykatura poetki

Halina Poświatowska

O wróblach

wróble to arcydobrzy katolicy
wierzący we wszystko
w objawienie w słońce
w płowiejące liście
one nie kłamią
nie kradną
nie wydziobują grochu z ziemi
kiedy ledwie się zazieleni
w ciepłym roztropnym marcu
one nie świegocą
nie uskrzydlają płotu trzepotem
pozwalają się łapać w paznokcie
długim pręgowanym kotom
i giną jak święci męczennicy
w głębokich trzewiach
za nie popełnione winy
dlatego właśnie w wigilię
wróble a nie kto inny
siedzą na najwyższej gałązce choinki
i płaczą

Elżbieta Hurnikowa – profesor zwyczajn Akademii im. Jana Długosza w Częstochow literaturoznawca. Związana z częstochowskim środowiskiem naukowym i kulturalny W latach 1976-1987 pracowała w Pałacu Młodzieży w Katowicach jako nauczyciel-instruktor, a w latach 1994-1997 była lektorem języka polskiego w Instytucie Translatoryki Uniwersytetu Wiedeńskiego. Przedmiotem jej badań naukowych jest przede wszystkim twórczość polskiej poetki dwudziestolecia międzywojennego, Marii Pawlikowskiej-Jasnorzewskiej, ale także modernizm polski i austriacki, polsko-austriackie powiązania literacko-kulturowe oraz literatura regionu Częstochowy. Członkini Stowarzyszenia Pisarzy Polskich. Profesor Hurnikowa wybrała wiersz *O wróblach* z tomu *Hymn bałwochwalczy*.

Elżbieta Hurnikowa o...

Wiersz *O wróblach* pochodzi z debiutanckiego zbioru o znaczącym tytule: *Hymn bałwochwalczy* (1958). Hymn, według słownikowej definicji, to podniosły utwór pochwalny na cześć bóstwa, jednostki bądź idei. Epitet „bałwochwalczy", określający cześć dla jakiejś osoby, zasady czy formy, pochodzi z religii chrześcijańskiej; bałwochwalca to człowiek oddający cześć bożkom. Religijny kontekst uruchamia poetka w wierszu *** (jestem dla ciebie czuła...), w którym stawia podstawowe w tym zbiorze pytanie: „jaka to religia/ w której czci się usta/ wygiętego boga przedświtów/ ach religia/ wspaniali bluźniercy/ jesteśmy sobie/ zamkniętym czworokątnym światem". Ustanawia tu Poświatowska religię własną – „religię miłości", mocno zespoloną z miłością do życia, miłością mającą w sobie, jak to przed laty zauważył Stanisław Grochowiak, „coś istotnie religijnego": „była to przecież religia niedozwolona, z góry skazana na niewdzięczność i brak łaski, religia bałwochwalcza" („Kultura" 1967, nr 44).

Miłość do życia, wartość życia, biologicznego trwania, zakorzenienia w świecie podnosi poczucie uczestniczenia w *continuum* przyrody, z jakim mamy do czynienia w tym zbiorze i w następnych. Do ważnych motywów autokreacyjnych w liryce Poświatowskiej należą ptak, owad lub zwierzę, z którym utożsamia się podmiot wierszy. W utworze *Łasica* pisze poetka: „jestem nią błyskam biało w zachwycie nad sobą", w wierszu *** (szukam cię w miękkim futrze kota...) podmiot wciela się w owada: „i zasnuta słońcem/ – mucha w sieci pajęczej –/ czekam...". Różnorodne organizmy przyrodnicze wypełniają świat poetycki Poświatowskiej, odgrywając niebagatelne role; wzmacniają wyrażane w tej liryce pragnienie życia, biologizm i zmysłowość, zbudowane są na nich zaskakujące metaforyczne obrazy i walory estetyczne. Już w debiutanckim zbiorze obecny jest spory repertuar różnych stworzeń, jak nietoperze, ćmy, pszczoły, chrabąszcze, mysz, kot.

W tym świecie ważne miejsce zajmują wróble, ptaki niepozorne, pospolite, ale przez poetkę obdarzone, jak dowodzi przytoczony wiersz, znaczącymi funkcjami. To „arcydobrzy katolicy" wyznający zasady wiary zarówno chrześcijańskiej, jak i pogańskiej, a także zasady, którym rangę nadaje autorka („wierzący we wszystko/ w objawienie w słońce/ w płowiejące liście"), przestrzegający przykazań („one nie kłamią/ nie kradną/ nie wydziobują grochu z ziemi/ kiedy ledwie się zazieleni"). Przyroda objawia swoje piękne, ale i okrutne oblicze. Odwieczne prawo natury, według którego słabsze istoty giną unicestwiane przez silniejsze, zatem według którego „długie pręgowane" koty łapią i zabijają ptaki, jest w wierszu przełożone na obraz męczeństwa, współtworzącego historię chrześcijaństwa: wróble „giną jak święci męczennicy/ w głębokich trzewiach/ za nie popełnione winy". Pospolite ptaki nobilituje poetka, wpisując je także w zakończeniu wiersza w scenerię wigilijnego obrzędu („siedzą na najwyższej gałązce choinki") oraz przypisując im uczucia czysto ludzkie („i płaczą").

Metaforyczny obraz staje się wykładnią poetyckiego światopoglądu odwołującego się do świata przyrody i rządzących nim praw. Poświatowska respektuje te prawa, ale też wydobywa cierpienie istniejące w świecie, cierpienie przypisane bytowi zarówno ludzkiemu, jak i zwierzęcemu. To „równouprawnienie" wyraża się w jej wierszach na różne sposoby, między innymi poprzez przywoływanie kontekstu religijnego, stanowiącego kod czytelny i łatwo rozpoznawalny. Poetka „bałwochwalczo" wielbi nie tylko miłość – miłość pełną, zmysłową, tę, która stała się głównym tematem jej twórczości – ale i wszelkie przejawy życia, każdą formę wiążącą człowieka z naturą. Świat przyrody pełni jeszcze jedną ważną funkcję. W autotematycznym wierszu zamykającym zbiór *Hymn bałwochwalczy* czytamy: „te słowa istniały zawsze/ w otwartym uśmiechu słonecznika/ w ciemnym skrzydle wrony (...) ja nie mam tych słów/ pożyczam/ od wiatru od pszczół i od słońca". Jest to wyznanie znamienne, mówiące o czerpaniu w twórczości z zasobów istniejących w przyrodzie. Trudno o bardziej przekonujący argument niż poetycka deklaracja złożona przez autorkę *Hymnu bałwochwalczego*.

Zbigniew Myga

Język – słówka

Każda rodzina wytwarza swój własny język mniej lub bardziej zrozumiały dla postronnych. Zwykle zaczyna się to od nadawanych sobie przezwisk, a raczej może pseudonimów, które mają niewiele wspólnego z imionami domowników. Rodzina nie zastanawia się na ogół, skąd wzięły się takie określenia, traktując je w zupełnie naturalny sposób. Nasi rodzice wymyślili sobie dziwne przezwiskowe spieszczenia. Ojciec – Feliks, mówił do matki, Stanisławy – Tetunia, a matka do niego zwracała się – Pućku. O ile w tej Tetuni można się doszukiwać śladów hiperspieszczonego imienia matki, o tyle ten nieszczęsny Pućko lub ta Pućka była niedookreśloną gramatycznie onomatopeją, o nieznanej etymologii. Dla nas – dzieci – pseudonimy rodziców były prawdą objawioną znaną od zawsze i w związku z tym niewymagającą wyjaśnień. Nigdy też nie zapytałem rodziców o źródłosłów ich dziwnych, nadanych sobie imion, a teraz już, niestety, nie mam kogo zapytać. Inaczej miała się sprawa z nami, czyli dziećmi. Halina została zdrobniona na Haśkę właśnie, siostra Małgorzata była Margosią lub Margeritką, a na mnie mówiono Zbik.

W domu zawsze mówiło się czystym językiem. Przekleństwa były zakazane, właściwie nie zauważaliśmy istnienia słów wulgarnych, a skoro tak, to trzeba było sobie wymyślić pewne określenia wyrażające dezaprobatę. O kobiecie, która zasłużyła na grubszy epitet, mówiło się „torba", a jeśli ktoś był brudny, to wcale nie jak świnia, tylko jak... – „recek". Pojęcia nie mam, skąd to w sumie sympatyczne zwierzątko wzbudziło u mojej matki takie dziwne skojarzenia. Natomiast w języku Haśki do najcięższych wyzwisk należało – „ty byku krasy", ale było jeszcze cięższe – „ty krasy byku", właściwie to niby tylko zmiana szyku słów, a jednak dla domowników waga wyzwiska była wyczuwalna. Czasami ciekawe słówko zasłyszane od innych bywało przyswajane i zaczynało funkcjonować w domowym języku. Kilka smakowitych słówek przyniosła do domu panna Zenia. Wiejska dziewczyna, która była dla nas czymś w rodzaju pomocy domowej, a dla Haśki obiektem badań socjologicznych. Uwielbiała Haśkę i ceniła ją bardzo. W szczególnych sytuacjach, a do takich należało wyjście na zabawę w remizie strażackiej, starała się korzystać z fachowych porad dotyczących szczegółów stroju. Kiedyś zadała Haśce niebanalne pytanie – gdzie do sukienki przyszyć pikoty. Niby prosta sprawa, tylko nikt w domu nie wiedział, co to są te pikoty. Wprawdzie w domu było sporo słowników, ale w żadnym o pikotach nie napisali. Haśka dyplomatycznie odpowiedziała, że skojarzenie pikotów z sukienką to poważny problem, bo zależy od fasonu, koloru i jeszcze stu innych uzależnień, więc zażądała okazania składników stroju. Sukienka okazała się różowa z falbanką na biuście, a pikoty to rodzaj tasiemki z pofalowanym brzegiem. Po licznych przymiarkach zapadła decyzja, by pikotami ozdobić tę właśnie falbankę. Zenia wyszła niezwykle zadowolona z doradztwa, a pikoty weszły do stałego języka jako panaceum na niedostatki stroju. Nie masz się w co ubrać? To sobie kup pikoty i po problemie.

Haśka, Elżbieta (zmarła w wieku trzech lat), matka, 1942

Pikoty okazały się na tyle skuteczne, że Zenia niebawem wyszła za mąż, a nie minęło pół roku, gdy w małżeństwie zaczęły się niesnaski. I tutaj pojawiło się nowe słowo, mianowicie „lezbon". Jak się domyślaliśmy, oznaczało ono nieroba, lenia, birbanta i damskiego boksera w jednym. Haśka, biegła w obcych językach, usiłowała znaleźć pochodzenie tego określenia, czy od angielskiego *lazy* i *bony*, czy od *less*, ale skąd znowu spodziewać się angielskich naleciałości w dialekcie podczęstochowskiej wsi. Nie udało nam się wyjaśnić etymologii lezbona, ale język domowy zyskał nowe słowo. W szczytowym momencie konfliktu Zenia zwierzyła się mojej matce, że wzmiankowany lezbon powiedział jej dosłownie: „Przez ciebie, ty gadzie, schudłem". Cały dom bawił się tym cudnym zdankiem na tyle długo, że słowo „gad" zyskało nowe znaczenie. Stało się wyrazem pieszczotliwym, wszystko, co żyło wokół, to były gady, mniej lub bardziej kochane. Ja do tej pory o domownikach i innych domowych żyjątkach mówię – gady, zdając sobie sprawę, że słysząca to osoba postronna może mieć dziwne skojarzenia. O twarzy lub ustach zawsze mówiło się „pysk".

Bywały jednak sytuacje, w których tak zwane grube słowo było nieodzowne. Będąc w Paryżu, Haśka zwiedzała samotnie „ciekawe" dzielnice i była narażona na niedwuznaczne zaczepki. Mało delikatni podrywacze byli wtedy częstowani rosyjsko-polsko-angielską wiązanką – „Poszoł won, ty skurwysynu, because I will call the police". O ile odszczekiwanie się w języku francuskim nie działało w ogóle, o tyle melodia języków słowiańskich była niezawodna.

Kiedy miałem coś koło pięciu lat, też udało mi się zasilić domowy język innym znaczeniem słowa – reagować. Oczywiście nie miałem zielonego pojęcia, co to słowo znaczy, ale ponieważ słyszałem je często i w różnych okolicznościach, uważałem, że nadaje się do wszystkiego. Chciałem rozłożyć na stole jakiś swój malunek, ale był zastawiony naczyniami po obiedzie, więc powiedziałem do siostry Małgorzaty – „zareaguj te garnki ze stołu". Wszyscy ryknęli śmiechem, a nowe znaczenie słowa na stałe zagościło w domowym języku, jeszcze trzydzieści lat po tym zdarzeniu garnki ze stołu były reagowane – przynajmniej w naszym domu.

Elżbieta, matka, Haśka, 1944

Haśka i ojciec, ok. 1945

Haśka, ojciec, Elżbieta, matka, 1945
Nad Morskim Okiem, od lewej – ojciec, stryjenka, kuzyn (ojciec autorki książki), Haśka, 1949

Elżbieta, ojciec, Haśka, ok. 1945

Haśka, matka, Elżbieta, ok. 1944
Haśka, ok. 1950

Haśka i Elżbieta, 1944

Halina Poświatowska

***

nie wiem co kocham bardziej
ciebie czy tęsknotę za tobą
czy pocałunki czy pragnienie pocałunków
pewne zaspokojenia
myślałam że już nigdy nie będę pisać wierszy
a teraz serce moje wezbrało miłością jak rzeka
i wystąpiło z brzegów – jak rzeka
i bystry potok porywa słowa
unosi słowa
i wszystkie mówią o mojej miłości
o mojej tęsknocie
o pragnieniu moim odnawiającym się jak księżyc
gasnącym w słońcu twojego spojrzenia

Mateusz Pospieszalski (ur. 1965) – kompozytor, instrumentalista, aranżer i producent muzyczny. Współpracuje z wieloma polskimi wokalistami oraz z zespołami. Najczęściej gra na saksofonie, flecie, klarnecie basowym i akordeonie. Członek Akademii Fonograficznej oraz ZPAV. Nagrodzony podczas 36. Przeglądu Piosenki Aktorskiej we Wrocławiu Tukanem Kapituły i Dyplomem Mistrzowskim za wieloletnią organizację spektakli muzycznych, muzykę filmową i teatralną oraz pracę producencką. Kompozytor wytypował wiersz *** (nie wiem co kocham bardziej...) z tomu *Jeszcze jedn wspomnienie*.

Mateusz Pospieszalski o...

Kalino, trudne mi dałaś zadanie – wybrać jeden wiersz!

Tak sobie czytam i ciągle odkrywam coś nowego. Miałem kilka wierszy Haliny Poświatowskiej, do których byłem przyzwyczajony, ponieważ pisałem do nich lub aranżowałem muzykę. Moim zdaniem muzyka sprawia, że wiersze nabierają większego zrozumienia tekstu. Muzyka tworzy ilustrację – ukierunkowuje, tworzy atmosferę, w której odczytujemy lub interpretujemy myśli poety. Jest to ciekawa i interesująca twórczość. Sam w swoim życiu popełniłem wiele kompozycji do różnych tekstów, również do prozy.

Jest to absolutnie subiektywne odczuwanie klimatu danego tekstu.

Halina Poświatowska z jednej strony jest bardzo kontaktową poetką, a jednocześnie bardzo trudną. Każdy jej wiersz przyciąga swoją metaforą, swoim skojarzeniem i często puenta zaskakuje.

Gdy czytamy wiersz, uwodzi nas ta tęsknota, miłość, lecz na końcu wiersza dostajemy obuchem w łeb – poetka obraca wszystko o 180 stopni, pozostawiając czytelnika w pełnym zaskoczeniu. Cała utkana z tęsknoty i miłości, oczekuje ukochanego, a na końcu wybucha śmiechem i zaskakuje nas ten jej ogromy dystans do siebie. Poczucie takiego dystansu jest niebywałe, ale mam wrażenie, że ukryta jest za tym osoba niezwykle wrażliwa, cierpiąca, niespełniona. W wierszu, który wybrałem, zaintrygował mnie jej zachwyt zarówno dla stanu oczekiwania i tęsknoty, jak i stanu zakochania. W obu przypadkach jest ten sam stan euforii.

Halina kochała noc, bardzo możliwe, że gdy nie spała, to marzyła i czekała, bała się dnia. „Nie przychodź dniu, zostań nocy...." – za wszelką cenę nie chce, żeby ta noc odeszła...

To poezja troszkę mroczna, pełna snów i marzeń...

Halina jest w tym wszystkim bardzo piękna i bardzo niespełniona. Słowo jest dla niej odzwierciedleniem myśli, tego, co czuje, i tego, co przeczuwa.

Poezja jest głębszym ujęciem wszystkiego, czego nie da się powiedzieć normalnie. To jest artyzm. Być artystą, to jakby złapać Pana Boga za nogi...

Ogromnie zachwyca mnie też ten wiersz o szmince: *** (Odkąd cię poznałam, noszę w kieszeni szminkę...).

Dla mnie to jest kwintesencja kobiecości...

Wiersz, który wybrałem, ma w sobie takie poetyckie rozmarzenie...

To czekanie jest o tyle ciekawe, bo jest taką dwuznacznością. Samo pragnienie spełnienia jest już piękne samo w sobie, jak również jest darem i sensem.

Wybieram ten wiersz, choć nie jest to typowy wiersz dla poezji Poświatowskiej. Uwielbiam też te z puentą, niebywale zwrotną i zaskakującą. Nie pozwalają czytelnikowi poczuć się zbyt pewnie, wprowadzają nas w stan rozmarzenia – po czym zaskoczenia...

Halina Poświatowska uświadamia nam – to wcale nie jest tak... Zastanów się nad tym jeszcze raz, człowieku...

W sanatorium w Deborah, 1958

Rafał Olbiński

Ślub

Zaczynała się jesień, ale woda w morzu była wciąż ciepła wspomnieniami upalnego lata. Po niebie nad wyspą przelatywały stada ptaków w dorocznej wędrówce na południe, aby tam przeczekać głód zaśnieżonej północy.

– Gdyby tak polecieć z nimi i zobaczyć te wszystkie tajemnicze kraje, o których przy ogniskach opowiadają żeglarze... Zobaczyć jedwabie wschodu, złoto i klejnoty południa, lodowe zamki i katedry zachodu... – wzdychała.

Była piękną dziewczyną, a następnego lata miała wyjść za mąż za najbogatszego kupca na wyspie i urodzić mu dorodne dzieci. Takie bowiem było marzenie jej rodziców i owego kupca.

Była posłuszną i oddaną córką, ale marzyła o czymś innym, o wielkich podróżach i miłości czekającej na nią gdzieś za siedmioma górami i siedmioma rzekami.

– Hej, wspaniały ptaku, zabierz mnie w podróż za morze albo przynajmniej zabierz moje oczy, żeby przed ślubem mogły zobaczyć moją wyśnioną prawdziwą miłość – modliła się, wyciągając ręce do pełnego skrzydeł nieba...

Młody rybak, wracając z pustego połowu, znalazł ją wczesnym rankiem półprzytomną na brzegu morza. Mimo zakrwawionych oczodołów, patrzących pusto ku słońcu, jej twarz wydawała się dziwnie radosna i nieziemsko piękna. Młodzieniec uniósł ją, gdy jego policzek dotknął przypadkiem jej ust, usłyszał cichy szept:

– Nareszcie cię odnalazłam... – a może to był tylko jej oddech?

Ślub młodego rybaka odbył się wczesną wiosną, tuż po powrocie ptaków z południa.

– Kocham cię nad życie – powiedział, zakładając jej na palec cienką, tanią obrączkę. Jesteś moim światem. – Odkąd ptaki odleciały z moich oczu i gwiazdy zgasły, ty jesteś moim światem i moim niebem – odpowiedziała.

Rafał Olbiński (ur. 1943) – malarz, grafik twórca plakatów, reprezentant współczesnego malarstwa surrealistycznego Wykładowca w School of Visual Arts w Nowym Jorku. Jego prace zdobią okładki takich czasopism jak: „Time", „Newsweek" czy „Der Spiegel", stanowią oprawę wizualn wielu polskich i zagranicznych przedstawień operowych i teatralnych, są też eksponowane w licznych galeriach i na wystawach (Biblioteka Kongresu w Waszyngtonie, Muzeum Sztuki Nowoczesnej w Toyamie, Muzeum Plakatu w Wilanowie). Laureat prestiżowych nagród m.in. pierwszej nagrody w konkursie Instytutu Praw Człowieka w Strasburgu (1976), Prix Savignac w Paryżu (1994) ora pierwszej nagrody w konkursie „New York City Capital of the World" za plakat promujący Nowy Jork jako stolicę świata (1995). Odznaczony Złotym Medalem „Zasłużony Kulturze *Gloria Artis*" (2005) i Krzyżem Oficerskim Orderu Odrodzenia Polski (2012). Artysta, zainspirowany twórczością Poświatowskiej, napisał własny utwór – *Ślub*.

Rafał Olbiński, *Przedawnione przypuszczenie*

Zbigniew Myga
„Oko Węża"

„Oko Węża" to pseudonim. Pieszczotliwe przezwisko o pseudoindiańskim rodowodzie, które nadałem jednej z dwóch przyjaciółek Haśki, w odwecie za to, że nazywała mnie „Wściekłym Kujotem". W latach 60. ubiegłego wieku w okresie świąt jedyny – więc siłą rzeczy obowiązkowy – program telewizji katował odbiorców filmami enerdowsko-jugosłowiańskiej produkcji według powieści Karola Maya. Szwargocący po niemiecku Indianie obrzucali się obelgami, wśród których wspomniany Kujot i Oko Węża należały do najpaskudniejszych. Nie wiem, czym zasłużyłem sobie na tak dosadne określenie, ale prawdopodobnie chodziło o to, że nie pozwalałem zgasić telewizora, narażając tym samym resztę towarzystwa na mimowolne podziwianie urody pucułowatych Niemek przebranych za Indianki.

Obowiązkowymi gośćmi przy wigilijnym stole w domu na Jasnogórskiej były dwie przyjaciółki Haśki, dwie Anny. Spędzały z nami wszystkie święta od początku lat 60. aż do roku 1976. Anny O. nie darzyłem zbytnią sympatią, natomiast w Annie S. – zwanej dla odróżnienia Haneczką – byłem zakochany, nie zdając sobie sprawy, że mam do czynienia z żywym aniołem.

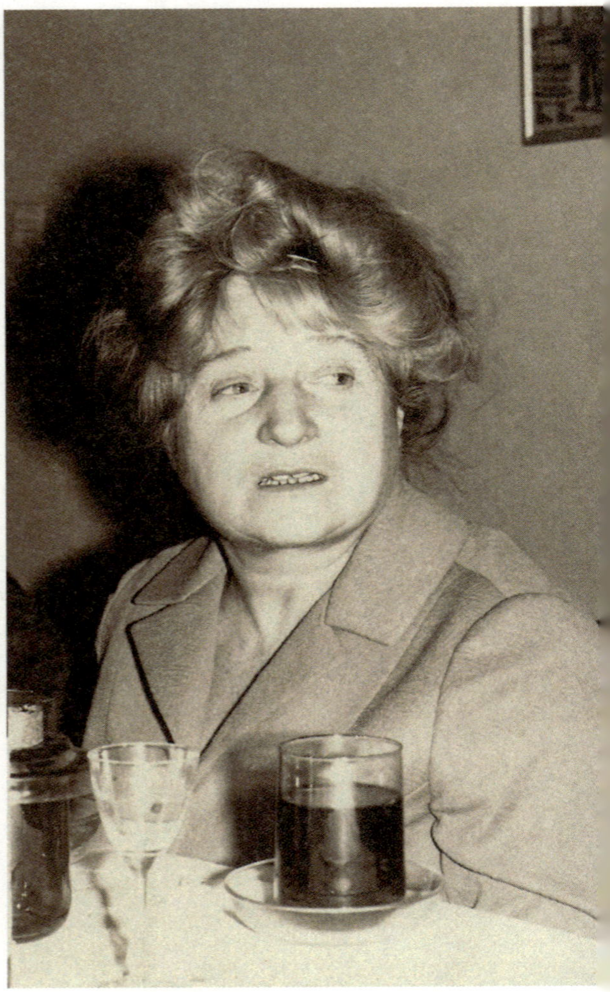

Haneczka prowadziła niezwykle tajemniczy tryb życia. Nie miała żadnej rodziny, a skąpe wiadomości o niej były niepotwierdzonymi, acz prawdopodobnymi plotkami. Z pochodzenia była warszawianką, którą tsunami powstania warszawskiego wyrzuciło na wiślański brzeg w Krakowie. Powstanie zabrało jej narzeczonego, a sama cudem uniknęła rozstrzelania. Matka opowiadała, że kiedy Niemcy zajęli jej kamienicę i lokatorów postawili pod ścianą z rękami nad głową, okazało się, że Haneczka w tych podniesionych rękach trzyma doniczkę z kwiatkiem. Jeden z Niemców, rozbawiony tym niewątpliwie groteskowym widokiem, kopniakami wygonił ją spod ściany, pozostali mieli mniej szczęścia – zostali rozstrzelani.

Haneczka pracowała w klinice profesora Aleksandrowicza. Była mózgiem, sercem, siłą napędową i dobrym duchem kliniki w jednej osobie. Organizowała pracę administracji, sympozja, spotkania, wizyty, a dla każdego pacjenta miała dobre słowo. Jej niewątpliwie wysokie zdolności organizacyjne w połączeniu z uwielbieniem, którym darzyła profesora, uczyniły z niej osobę niezastąpioną, a w dobie przedkomputerowej bezcenną. Dodajmy do tego końskie zdrowie, brak jakichkolwiek zobowiązań rodzinnych i niechęć do korzystania z urlopów. Właściwie Haneczka opuszczała klinikę dwa razy w roku, by uczestniczyć w naszych rodzinnych świętach.

Nikt z nas nie znał jej adresu, korespondencja była kierowana na klinikę. Haśka wielokrotnie usiłowała złamać tę tajemnicę. Zabierała ją do taksówki i pytała, gdzie podwieźć. Haneczka wskazywała różne miejsca, a i tak przed dojechaniem do wstępnie obranego celu, nagle przypominała sobie, że musi gdzieś w okolicy załatwić pilną sprawę i prosiła o zatrzymanie taksówki. Zastanawialiśmy się, jaki jest cel tej w sumie dziwnej, a co ważniejsze, zupełnie nieuzasadnionej konspiracji. Niestety, nasze domysły nie doprowadziły do jakichkolwiek logicznych wniosków.

W zależności od rodzaju świąt Haneczka zjawiała się u nas koło południa w Wielką Sobotę lub w dniu Wigilii Bożego Narodzenia, a wraz z jej przybyciem znikał spokój. Wypracowany przez lata tryb przedświątecznych przygotowań ulegał zaburzeniu. Mimo niezbyt wielkiego wzrostu, bo zaledwie około 154 cm, „Oko Węża" było

Anna Sińczak, 1969

w stanie wypełnić sobą całą kubaturę mieszkania. Faktem jest, że nie widywaliśmy się zbyt często, więc należało natychmiast skomentować wydarzenia ubiegłego półrocza, do garów matczynych pozaglądać, a czasem nawet wnieść pewne modyfikacje do jadłospisu. To właśnie Haneczce zawdzięczamy sos cumberland, czyli tarty chrzan pomieszany z konfiturą z borówek, który podpatrzyła na jakimś klinicznym bankiecie. Oczywiście superuproszczony przepis nijak miał się do prawdziwego cumberlanda, niemniej w czasach peerelu miło było delektować się specjałem, który przynajmniej nazwę miał zachodnioeuropejską. Kiedy już miałem własną rodzinę, chciałem wyprodukować prawdziwy sos na bazie czarnych porzeczek, ale bordowa breja niekoniecznie odpowiadała moim wymogom. W rezultacie mieszanka borówek z chrzanem do tej pory jest u nas w domu nieodłącznym dodatkiem do indyka i pasztetu.
Monolog Haneczki z rzadka przerywany przez kwestie pozostałych domowników zwykle kończyło przybycie Jasia. Zawsze zjawiał się po rozpoczęciu ucztowania, więc na początek karmiono go potrawami, na które się spóźnił, na zachęty ze strony matki odpowiadał – „Przecież mama wie, że ja jem dużo i szybko" – nie kłamał.
Jaś dysponował nieograniczoną liczbą śmiesznych wierszy, dowcipów, powiedzonek i cytatów. Do hitów należały wyrażenia ze „słownika racjonalnego" typu: mały Turek to „miniaturek", nieduży Niemiec to „mikroszkop", a „capstrzyk" to iniekcja hormonów koźlich.

Po kolacji Haneczka wyciągała nas na „footing", czyli normalny spacer, niezależnie od pogody. Nieważne, czy było na przykład minus 20 stopni. Footingi były długie i uciążliwe dla sporej części rodziny. Właściwie tylko mój szwagier nigdy nie odmówił uczestnictwa w tych rytualnych marszobiegach.
Właściwie Haśka swoim niepisanym testamentem powierzyła nam opiekę nad obiema Annami i Jasiem. Spędzaliśmy razem wszystkie święta aż do śmierci naszego ojca w 1977 roku.
Ojciec zmarł w Krakowie w klinice onkologicznej, a matka została u siostry. Ja też opuściłem rodzinne gniazdo. Wyjechałem do pracy do Praszki.

Z Janem Adamskim w Częstochowie, 1966

Halina Poświatowska

***

jeszcze nie wspominałam o miłości
miłość
tak – ona jedna
nie podlega upływowi czasu
trwa
jeśli jest – jest wieczna
a jeśli jej nie ma

klepsydry oceanów toczą ziarna piasku
księżyc nieustannie odmienia złotą twarz
pociemniałym światem ciągnie ogromny wiatr

nie ma zmiłowania
nie ma odkupienia
nie ma nas
nie ma
nie ma

Janusz Strobel – jeden z najwybitniejszy wirtuozów gitary klasycznej, kompozytor, aranżer. Współzałożyciel legendarnego Due Gitar Klasycznych Alber-Strobel i innych formacji jazzowych. Poza muzyką dla potrzeb filmu, teatru oraz niezliczoną iloś piosenek działalność kompozytorska artyst obejmuje muzykę na gitarę klasyczną solo i z towarzyszeniem orkiestry.
Kompozytor wytypował wiersz *** (jeszcz nie wspominałam o miłości...) z tomu *Jeszcze jedno wspomnienie*.

Janusz Strobel o...

To jeden z moich ulubionych wierszy wybrany na płytę *Strofy dla Ciebie*, do której napisałem muzykę. Wzruszająca poezja mówiona przez Annę Romantowską i Krzysztofa Kolbergera przekonuje mnie, że miłość – ona jedna nie podlega upływowi czasu...

Halina Poświatowska

***

odłamałam gałąź miłości
umarłą pochowałam w ziemi
i spójrz
mój ogród rozkwitł

nie można zabić miłości

jeśli ją w ziemi pogrzebiesz
odrasta
jeśli w powietrze rzucisz
liściej skrzydłami
jeśli w wodę
skrzelą błyska
jeśli w noc
świeci

więc ją pogrzebać chciałam w moim sercu
ale serce miłości mojej było domem
moje serce otwarło swoje drzwi sercowe
i rozdzwoniło śpiewem swoje sercowe ściany
moje serce tańczyło na wierzchołkach palców

więc pogrzebałam moją miłość w głowie
i pytali ludzie
dlaczego moja głowa ma kształt kwiatu
i dlaczego moje oczy świecą jak dwie gwiazdy
i dlaczego moje wargi czerwieńsze są niż świt

chwyciłam miłość aby ją połamać
lecz giętka była oplotła mi ręce
i moje ręce związane miłością
pytają ludzie czyim jestem więźniem

Nula Stankiewicz – piosenkarka, pedago[g,] logopeda. Potrafi z poezji i muzyki wydob[yć] najsubtelniejsze uczucia, tworząc swą interpretacją absolutne arcydzieła. Koncertuje ze znakomitymi muzykami, m.in. Januszem Stroblem, Andrzejem Jagodzińskim i Włodzimierzem Nahornym, zadziwiając muzykalnością i dojrzałością wykonań piosenek Agnieszki Osieckiej, Jonasza Kofty czy Jana Wołka. Laureatka wielu konkursów i festiwali muzycznych. Wokalistka wybrała utwór *** (odłamałam gałąź miłości...) ze zbioru *Wiersze z lat 1958–1962*.

Nula Stankiewicz o...

Nie można zabić miłości...

Halina Poświatowska

***

w Metropolitan Museum
w dziale egipskiej rzeźby
widziałam odłamek posągu
nozdrza i wydatnie zarysowane wargi
posąg był wykuty w kamieniu twardym
jak czas

zapamiętałam kamień
uśmiechający się ustami
kobiety którą pochłonął piasek
przesypujący się w złotej klepsydrze
zapamiętałam błysk ornamentów
które wywoływały uśmiech
temu – dwa trzy cztery tysiące lat

pamiętam – schodziłam zamyślona
po granitowych stopniach
dwa
trzy
cztery

bo w końcu mam tylko ciało
i moje ciało jest miękkie
i włosy są miękkie
i usta
bo mieszka we mnie chwiejny chronometr
serce

o wadliwej konstrukcji
stąd chronometryczna
niewydolność
i pląs szalony
krwi
i moje stopy – właśnie
wzbierają jak rzeki po deszczach

Jan Kanty Pawluśkiewicz (ur. 1942) – kompozytor piosenek, muzyki teatralnej i filmowej, malarz. Współzałożyciel grupy Anawa tworzącej w nurcie piosenki literackiej, której członkami byli też m.in. Marek Grechuta i Andrzej Zaucha. Jego utwory wykonywało wielu znanych artystów: Maryla Rodowicz, Renata Przem czy Grzegorz Turnau. Związany z krakowskim Teatrem STU, jak również Teatrem Narodowym i Teatrem Powszechnym w Warszawie. Komponował muzykę nie tylko do filmów (*Pułkownik Kwiatkowski*, *Wodzirej*, *Papusza*), lecz ta koncertów, oratoriów, oper i musicali. Laureat Festiwalu Filmów Krótkometrażowych w Krakowie (1975), Krajowego Festiwalu Piosenki Polskiej w Opolu (1977), Festiwalu Twórczości Telewizyjnej (1992), a także Festiwalu Polskich Filmów Fabularnych w Gdyni (19 2013). Uhonorowany w 2005 roku Lauren Krakowa XXI wieku. Kompozytor wytypow wiersz *** (w Metropolitan Museum…) z tomu *Jeszcze jedno wspomnienie*.

kiedy wchodzę po granitowych stopniach
oddech mi więźnie w gardle
dwa
trzy...

w Metropolitan Museum
w dziale egipskiej rzeźby
uśmiechają się zmysłowe usta
kamień ma barwę miodu
pod spodem napis
twardy jak...

wczoraj
uderzyłam ramieniem o futrynę drzwi
najpierw był ostry ból
potem – ból odszedł
pozostała fioletowa plama
pęknięte naczyńko krwi
.

Juliusz Roube, portret poetki na gazecie

Halina Poświatowska

Przypowieść

Postawił diabeł Chrystusa na górze Cadillac i kazał mu spojrzeć w dół. Do nieba był tylko jeden krok, a w dole rozpościerała się kraina żyzna i piękna jak kolorowa pocztówka. Woda była głęboko błękitna, las na zboczach wysepek soczyście zielony, a piasek nadbrzeżny miał kolor złotego kruszcu.
– To wszystko będzie twoim – kusił diabeł – jeśli dasz mi drobiazg – duszę.
Popatrzył Chrystus – do nieba był tylko jeden krok – i pokręcił głową. – Nie, diable, nie skusisz mnie miękkim futrem lasów ani przejrzystym lustrem wody, bliższa mi od nich moja własna dusza.
Zmartwił się diabeł, ale nie stracił nadziei. Przejdźmy się trochę – powiedział – i zeszli nisko pomiędzy łodzie rybackie. Wszedł Chrystus do łodzi i zobaczył, jak rybacy zarzucają sieć, a potem z wysiłkiem wielkim, ryb pełną, ciągną ku brzegowi. Zaczął im pomagać Chrystus i gdy z oddechem krótkim i błyszczącymi oczyma już dotykał trzepoczących w sieci, powiedział diabeł – będą twoje, ale tylko wtedy, jeśli mi oddasz duszę. – Bierz ją – krzyknął Chrystus – obydwie ręce zanurzone w wodzie – i nie przeszkadzaj ludziom w codziennej walce o życie na ziemi.

Piotr Machalica (ur. 1955) – aktor teatralny, filmowy i telewizyjny, wykonaw piosenki aktorskiej. Debiutował na początk lat 80. rolą Mnicha w filmie *Rycerz* Lecha Majewskiego. Zagrał w filmach Krzysztofa Kieślowskiego, m.in. w *Dekalogu* i *Krótkim filmie o miłości*; współpracował głównie z Jackiem Bromskim i Feliksem Falkiem. Obecnie występuje w Teatrze Polonia i Och-Teatrze w Warszawie i pełni funkcję dyrektora artystycznego Teatru im. Adama Mickiewicza w Częstochowie. Odznaczony Srebrnym Medalem „Zasłużony Kulturze *Gloria Artis*". Aktor wybrał utwór *Przypowieść* z tomu *Oda do rąk*.

Haśka, 1958

W Kobierzynie, 1957

Zbigniew Myga
Kulinaria

Dom nigdy nie był spokojny, ale zawsze ciepły. Czasami pusty, gdy matka wyjeżdżała z Haśką do kolejnego szpitala, a czasami pełen gości, tych stałych zaprzyjaźnionych z rodziną i tych dziwnych zwożonych przez Haśkę. Nieobecność matki bywała dotkliwa, ojciec nie był mistrzem kuchni. Pitrasił potrawy w rodzaju krupnik na kiełbasie, a na śniadanko buła wdrobiona do mleka, i jeszcze kazał mi to zjadać. Zdarzało się, że oboje rodzice znikali z domu, a wtedy obowiązek przygotowania posiłku spadał na siostrę Małgorzatę – również niedoświadczoną kucharkę. Oczywiście czynnie uczestniczyłem w tych działaniach i wspólnie usiłowaliśmy metodą prób i błędów pokonać opór materii kulinarnej. Przeszliśmy gotowanie makaronu w kilku garnkach, podobnie było z ryżem. Czasami coś się przypaliło, czasami wykipiało, ale nabyte doświadczenie przydało się w dorosłym życiu i jak na razie przydaje się nadal. Matka była dobrą kucharką. Jadło się tradycyjnie. Wszystko było pieczone na maśle, do ciasta też żadnych margaryn, a mleko i śmietana koniecznie ze wsi od pani mleczarki, która odwiedzała nas codziennie i pieczołowicie specjalną miarką odmierzała żądaną ilość świeżutkiego mleka – prosto od krowy. Oczywiście jak zwykle były i gorsze strony maminej kuchni, że nie wspomnę o zupach owocowych, kalafiorowych, ryżu z jabłkami lub rodzynkami i podobnych paskudztwach, których nienawidziłem, a, niestety, byłem zmuszany do ich konsumowania. Dla Haśki gotowało się oddzielnie. Specjalna bezsolna dieta, gotowane mięso – głównie z kurcząt kupowanych w stanie żywym – na „ryneczku". Obowiązek mordowania nieszczęsnych ptaków spoczywał na ojcu. Egzekucja rozpoczynała się od naostrzenia noża. Domowy kot natychmiast reagował na dźwięk stali przesuwanej po osełce i towarzyszył ojcu w drodze do komórki, gdzie odbywała się rzeź. Potem skubanie i patroszenie, które dla mnie były pierwszą lekcją ptasiej anatomii.

Osobną sprawą było menu świąteczne. Otóż w domu była książka kucharska, którą – jak niosła opowieść – babcia dostała od jakiegoś biskupa. Przepisy zaczynały się na przykład od słów – „Weź całe prosię", waga produktów podawana była w funtach i uncjach, a przyprawy dozowane były szczyptami. Mąka miała być „doskonała", a miód – „przedni". Właśnie z tego dzieła pochodziła znaczna część przepisów na potrawy świąteczne. Bigos, pasztet i mazurki do tej pory robimy według tamtych przepisów. Szczególnie bigos miał wielu miłośników w rodzinie i nie tylko. Kupowaliśmy co najmniej dziesięć kilo kiszonej kapusty, zawsze tej samej, szczególnie dobrej. Kiszona kapusta była łatwo dostępnym towarem, ale właśnie ta jedna miała szczególne walory smakowe, a to, niestety, wiązało się z koniecznością odstania w sporej kolejce. Przed zakupem jeszcze trzeba było stoczyć walkę z matką, ile tej kapusty kupić. Rodzina chciała więcej, a matka była nieustępliwa i nie pozwalała wyjść poza dziesięć kilo. Na mojej skromnej, ale już wtedy dosyć silnej osobie spoczywał obowiązek dalszej obróbki, czyli odciskanie soku i płukanie, bardzo solidne w kilku wodach. Kiedyś, gdy dom już został wyposażony w sokowirówkę, a ja musiałem przygotować kapustę na kolejny bigos, wpadłem na oryginalny pomysł, by uprościć sobie życie. Zmontowałem sokowirówkę bez płytki służącej do ścierania owoców, a kapustę odwirowałem dosłownie na wiór. Przyszła matka i widząc, że objętość kapusty zmniejszyła się co najmniej o połowę, stwierdziła autorytatywnie, że pewnie była z dna beczki – więc mokra i trzeba będzie dokupić. Tak się też stało. Kolejne pięć kilo potraktowałem również za pomocą sokowirówki. Matka wsypała ją do największego garnka w domu – mieliśmy taki specjalnie do bigosu – i jeszcze nie była zadowolona, bo jakoś tak mało się wydawało. Dopiero w czasie gotowania, po dolaniu kolejnej porcji wody, kapusta zaczęła wyłazić z garnka, najpierw jednego, potem drugiego, cała kuchnia zastawiona była bigosem. Tym razem bigosożerstwo rodzinne rozszalało się na całego, a jeszcze zostało trochę zamrożonego na po świętach. Biedna matka długo zastanawiała się, wymyślając różne fizykochemiczne teorie na temat soczystości kapusty, w końcu przyznałem się, że wyjątkowa suchość kapusty została spowodowana wprowadzeniem postępu technicznego. Drugie ze specjalnych dań, czyli pasztet, było pieczone zwykle w Wielki Piątek, a wiadomo, że dobranie odpowiedniej ilości przypraw bez próbowania jest praktycznie niemożliwe. Ale jak tu próbować, skoro post wielkopiątkowy był ściśle przestrzegany w naszym domu. W końcu Haśka znalazła sposób. Doszła do wniosku, że kuzyn mieszkający w pobliżu jest ateistą i bez problemów, nie narażając się na wyrzuty sumienia, może posłużyć swoim smakiem. Z zachowaniem postów związany był jeszcze jeden dziwny obyczaj spowodowany moim łakomstwem. W wieczór wigilijny jadło się tylko postne potrawy, a upieczony smakowicie indyk czekał na świąteczny obiad. Musiałem obowiązkowo czekać na północ i dopiero potem mogłem odłamać należną mi nogę, i bez grzechu spożyć.

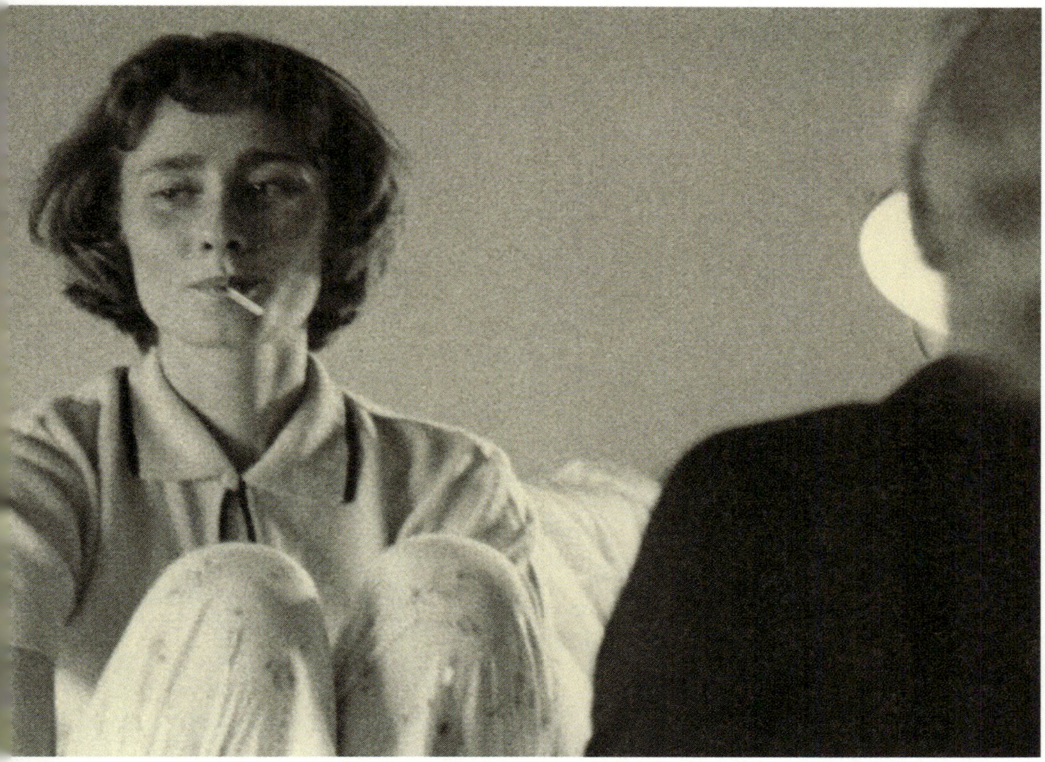

Po powrocie ze Stanów Haśce trudno było przestawić się na polską kuchnię. Nudziła, że nie można dostać kukurydzy, że syrop klonowy jest nieosiągalny, a naleśniki robi się z jajek, mleka i mąki, a nie z proszku, jak Pan Bóg przykazał. Rzeczywiście, o kukurydzę było niezmiernie trudno, ale za sprawą wyżej wspomnianej pani mleczarki dotarł do domu jeden kaczan. Do ugotowania się nie nadawał, bo był już zupełnie wysuszony, ale postanowiliśmy zachować ziarna i posadziwszy je w ogrodzie, uzyskać kukurydzianą niezależność. Na sporej grządce wzeszło koło trzydziestu roślin. Pieczołowicie pielęgnowane osiągnęły wiek dojrzały, aż w końcu przyszedł czas żniw. Rośliny wydawały się dorodne i kaczanów było sporo, niestety, wszystkie puste. Z całego zbioru do ugotowania nadawał się tylko jeden kaczan. Został komisyjnie ugotowany, posolony, okraszony masłem i pożarty.

Z syropem klonowym było gorzej. Amerykański smakołyk znany nam tylko z kreskówek Walta Disneya musiał być dostarczony pocztą. I tak się też stało. Przyjaciółka Haśki, Caroline, przysłała paczkę, której zawartość zainspirowała naszych celników do tego stopnia, że dosyć dokładnie wymieszali zawartość plastikowej butelki i pakietu zawierającego żółtawy proszek. Na paczce było napisane, że przesyłka została uszkodzona w czasie transportu. Oznaczało to mniej więcej tyle, że butelka z syropem klonowym najpierw sama się odkręciła, a potem zakręciła. Naleśniki w proszku były oczywiście zniszczone, ale resztka syropu ocalała. W ten sposób poznałem smak i zapach amerykańsko-kanadyjskiego specjału. Potem długo zastanawialiśmy się z całą rodziną, czy mieliśmy do czynienia z głupotą komunistycznych funkcjonariuszy, czy raczej było to przekazanie wyrazów pogardy należnych zjadaczom imperialistycznych smakołyków.

W sanatorium w Deborah, 1958

Halina Poświatowska

Z Manczy

Wiatr zaplątany w skrzydła wiatraka kpi z patosu
mijających niebawem chwil. Don Kichot z podłużnych
słonecznych cieni oparł brodę na ręce – patrzy tępo.
Wiatrak. Wiatrak. Rosynant chudą szczęką zgarnia
świerszcze i je bowiem mają barwę i zapach trawy.
I podczas gdy Sanczo Pansa gwałci w krzakach dziewczynę
która w tłustym czerwonym ciele nosi bezradne
obojczyki Dulcynei – Don Kichot walczy z olbrzymem.
I zwycięża. Wystające żebra Rosynanta rozsadza zielona
świegotliwa muzyka.

Tomasz „Senti" Sętowski (ur. 1961) – artysta malarz, przedstawiciel realizmu magicznego. Najczęściej stosowaną przez niego techniką malarską jest olej na płótni wykonuje także grafiki bazujące na obraza olejnych, które przywołują nowe, interesują skojarzenia. Swoje prace prezentuje na licznych wystawach w Polsce i za granicą, m.in. w Niemczech, Francji, Austrii, Stanach Zjednoczonych i Emiratach Arabskich. Jego dzieła zdobią okładki wielu czasopism i książek. Galeria autorska artysty, Muzeum Wyobraźni, znajduje się w Częstochowie, a jego wystawa „Teatr Magiczny" została uznana za wydarzenie kulturalne roku w regionie. Nagrodzony Gra Prix w kategorii „Najlepszy artysta" na wystawie w Académie Européenne des Art w Paryżu w 2014 roku. Artysta wytypowa wiersz *Z Manczy* z tomu *Hymn bałwochwalczy*.

Zdjęcie portretowe, 1958

Tomasz Sętowski, *Iliada*

Wisława Szymborska

Autotomia

W niebezpieczeństwie strzykwa dzieli się na dwoje:
jedną siebie oddaje na pożarcie światu,
drugą sobie ucieka.

Rozpada się gwałtownie na zgubę i ratunek,
na grzywnę i nagrodę, na co było i będzie.

W połowie ciała strzykwy roztwiera się przepaść
o dwóch natychmiast obcych sobie brzegach.

Na jednym brzegu śmierć, na drugim życie.
Tu rozpacz, tam otucha.

Jeśli istnieje waga, szale się nie chwieją.
Jeśli jest sprawiedliwość, oto ona.

Umrzeć ile konieczne, nie przebrawszy miary.
Odrosnąć ile trzeba z ocalonej reszty.

Potrafimy się dzielić, och prawda, my także.
Ale tylko na ciało i urwany szept.
Na ciało i poezję.

Po jednej stronie gardło, śmiech po drugiej,
lekki, szybko milknący.

Tu ciężkie serce, tam *non omnis moriar*,
trzy tylko słówka jak trzy piórka wzlotu.

Przepaść nas nie przecina.
Przepaść nas otacza.

Pamięci Haliny Poświatowskiej

Wisława Szymborska (1923-2012) – poetka, eseistka, felietonistka, tłumaczka, laureatka literackiej Nagrody Nobla. Debiutowała wierszem *Szukam słowa*, który ukazał się w „Dzienniku Polskim" w 1945 roku. Autorka trzynastu tomów poetyckich przetłumaczonych na ponad czterdzieści języków. Członkini Związku Literatów Polskich, Stowarzyszenia Pisarzy Polskich oraz polskiego PEN Clubu. W latac 1953-1981 pracowała w „Życiu Literackim najpierw jako kierownik działu poezji, następnie jako autorka popularnych felietonów składających się na cykl *Lektur nadobowiązkowe*. W 1995 roku została uhonorowana tytułem doktora honoris caus Uniwersytetu im. Adama Mickiewicza w Poznaniu. Odznaczona Krzyżem Kawalerskim Orderu Odrodzenia Polski (1974), Złotym Medalem „Zasłużony Kulturze *Gloria Artis*" (2005) oraz Orderem Orła Białego (2011). Noblistka osobiście znała Halinę Poświatowską – poświęciła je wiersz *Autotomia*.

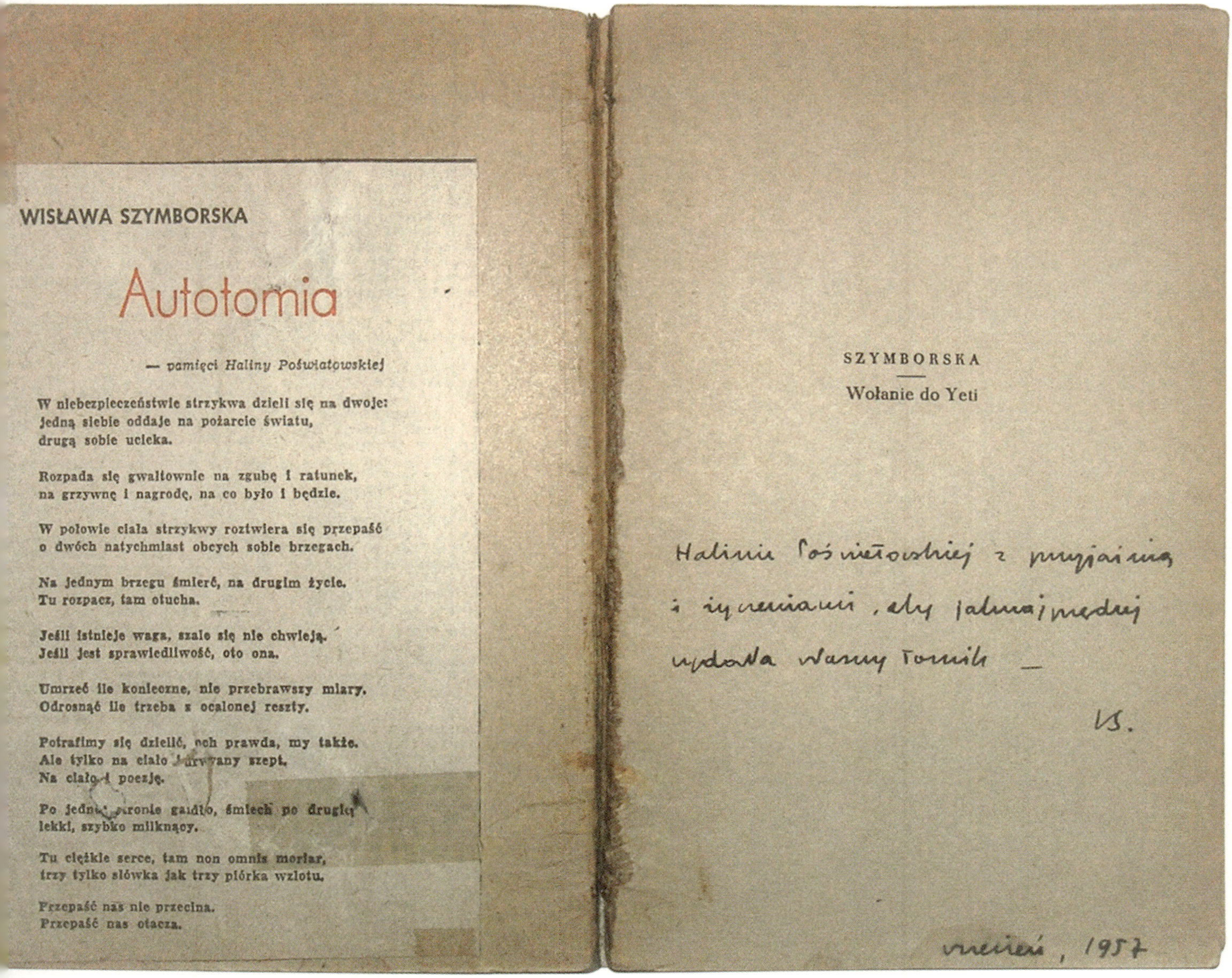

WISŁAWA SZYMBORSKA

Autotomia

— pamięci Haliny Poświatowskiej

W niebezpieczeństwie strzykwa dzieli się na dwoje:
jedną siebie oddaje na pożarcie światu,
drugą sobie ucieka.

Rozpada się gwałtownie na zgubę i ratunek,
na grzywnę i nagrodę, na co było i będzie.

W połowie ciała strzykwy roztwiera się przepaść
o dwóch natychmiast obcych sobie brzegach.

Na jednym brzegu śmierć, na drugim życie.
Tu rozpacz, tam otucha.

Jeśli istnieje waga, szale się nie chwieją.
Jeśli jest sprawiedliwość, oto ona.

Umrzeć ile konieczne, nie przebrawszy miary.
Odrosnąć ile trzeba z ocalonej reszty.

Potrafimy się dzielić, ach prawda, my także.
Ale tylko na ciało i urywany szept.
Na ciało i poezję.

Po jednej stronie gardło, śmiech po drugiej,
lekki, szybko milknący.

Tu ciężkie serce, tam non omnis moriar,
trzy tylko słówka jak trzy piórka wzlotu.

Przepaść nas nie przecina.
Przepaść nas otacza.

SZYMBORSKA

Wołanie do Yeti

Halinie Poświatowskiej z przyjaźnią
i życzeniami, aby jaknajprędzej
wydała własny tomik —

W.S.

wrzesień, 1957

Dedykacja Wisławy Szymborskiej

Zbigniew Myga
Czytanka o poetach

Na pomysł napisania tej czytanki wpadłem zainspirowany komentarzem pana Michała Rusinka, napisanym do wiersza *Autotomia*, który Wisława Szymborska zadedykowała Halinie.

„Wiersz »Autotomia« jest wyjątkowy w twórczości Wisławy Szymborskiej, opatrzony bowiem został dedykacją. Jej wiersze w większości mają charakter uniwersalny, opisują doświadczenia wspólne, nieomal bez względu na miejsce zamieszkania. »Autotomia« opisuje natomiast los pojedynczy, biografię jedyną w swoim rodzaju. W zagranicznych wydaniach wyborów wierszy Szymborskiej wymaga przypisu, z którego czytelnicy mogą się dowiedzieć, kim była Halina Poświatowska. Jestem pewien, że wielu z nich, przeczytawszy ten przypis, sięgnęło po przekłady wierszy Poświatowskiej...".

Obydwie panie poznały się w okolicach 1956 roku w III Klinice Chorób Wewnętrznych za pośrednictwem profesora Juliana Aleksandrowicza. Haśka po nieoczekiwanej śmierci męża znajdowała się w złym stanie psychicznym, który wraz z wadą serca spowodował bezpośrednie zagrożenie życia. Nie wiem, czy w tym czasie istniało już pojęcie terapii zajęciowej, bo jeśli nie, to właśnie profesora Aleksandrowicza należałoby uznać za jej odkrywcę, a Haśkę za pierwszą pacjentkę, która została jej poddana. W książce pod tytułem *Nie ma nieuleczalnie chorych* profesor pisze – „Pewnego wieczoru dostrzegłem na jej nocnym stoliku tomik wierszy Wisławy Szymborskiej. Zrodził się wówczas plan terapii Haśki. Może by tak przestawić unicestwiające ją myśli o śmierci na myśli o tworzeniu, które mogłyby wypełnić pustkę jej życia? Przyprowadziłem panią Wisławę. Obie kobiety uległy wzajemnej fascynacji. W czasie kilku miesięcy pani Wisława wykreowała Haśkę na poetkę"[27].

[27] Julian Aleksandrowicz, *Nie ma nieuleczalnie choryc[h]*, Warszawa 1982, s. 70.

Niewątpliwie profesor miał rację, pisząc o wpływie Szymborskiej na poetycką osobowość Haśki, ale uważam, że do grona akuszerów wierszopisarstwa Haśki należy dodać Tadeusza Śliwiaka, Stanisława Grochowiaka, Adama Włodka, Jana Niwińskiego i wielu innych. Piszę o czasach, gdy jeszcze będąc siedmiolatkiem, nie byłem w stanie wyciągnąć głębszych wniosków z zasłyszanych rozmów, ale jestem pewien, że Haśka bardzo ceniła twórczość starszych kolegów i ubolewała nad rzekomą niedoskonałością swoich tekstów.

Panią Wisławę znałem z widzenia, bywając stosunkowo częstym gościem w Domu Literatów przy ulicy Krupniczej, ale osobiście poznałem ją dopiero na pogrzebie Haśki. Oficjalna delegacja Związku Literatów przyjechała mocno spóźniona i nieco poobijana, właściwie już pod koniec ceremonii. Powodem był drobny wypadek, archaiczna służbowa skoda kierowana przez Romana Śliwonika wpadła w poślizg i wylądowała w rowie. Pani Wisława wyszła z wypadku z pokiereszowanym uzębieniem i sprawiała dosyć nieszczęśliwe wrażenie. Matka przedstawiła mnie pani Szymborskiej, więc skłoniłem się po sztubacku, a matka wypowiedziała znamienne słowa – „Całuj w rękę, bo to największa polska poetka". Czas pokazał, że prorocze słowa naszej matki zmaterializowały się w postaci Nagrody Nobla.

Kiedy, już wiele lat po śmierci Haśki, poznałem nasze częstochowskie środowisko artystów, wzajemne niechęci, zazdrości, dyskredytowanie tych, którym udało się odnieść sukces komercyjny, myślałem, że pewnie tym samym emocjom ulegała społeczność zgromadzona w krakowskim Domu Literatów. Lektura listów i wspomnień upewniła mnie, że w przypadku Haliny nic podobnego nie miało miejsca. Haśka miała wielu przyjaciół wśród poetów, aktorów, dziennikarzy, plastyków, którzy wręcz garnęli się do niej, koniecznie chcieli nawiązać bliższą znajomość, a może nawet – jeszcze bliższą. Haśka dysponowała nie tylko wszystkimi atrybutami kobiecej atrakcyjności, ale również gruntowną wiedzą, wrażliwością i całą resztą cech składających się na określenie osoby charyzmatycznej. Jednocześnie potrafiła docenić pracę swych potencjalnych konkurentów.

W jednym z listów do Tadeusza Śliwiaka napisała – „Złoty, ta książka naprawdę śliczna i wcale nie mogłaby być lepsza – to w niej nareszcie można się doszukać Twojej rozwichrzonej czupryny, potem obciętej – z krakowskiego Rynku. Tam są takie religijne subtelności – o Bogu, co umiera – o pełnej garści siebie – o środzie, co umarła także – że się to czyta mnóstwo razy i się w wielkim zdumieniu myśli – Jezu, jak on się tego dogrzebał".

Tak pisze poeta o poecie. Przecież to najpiękniejsza z możliwych recenzja wierszy i hołd dla talentu zawarty w formie wykluczającej nieszczerość. Oczywiście, studiując korespondencję Haśki, nie trudno znaleźć wypowiedzi krytyczne, w końcu w twórczości każdego autora można znaleźć pozycje słabe, zasługujące na krytykę. Pamiętam sytuację, kiedy Stanisław Grochowiak wystąpił na jednym z pierwszych festiwali opolskich jako autor tekstu piosenki o nieśmiałej panience, która chyba nadmiernie rumieniła się przez kilka zwrotek i refrenów. Tak się złożyło, że w poprzedniej edycji festiwalu pan Stanisław był jurorem od tekstów właśnie i wypowiadał się niepochlebnie, delikatnie mówiąc, o treściach wyśpiewywanych przez artystów wczesnobigbaetowej estrady polskiej. Więc skoro sam odważył się napisać tekst piosenki – Haśka uznała, że będzie to tekst – wzorzec. W dniu prezentacji utworu w domu przy Jasnogórskiej trwało niecierpliwe oczekiwanie. W końcu rozpoczęła się transmisja

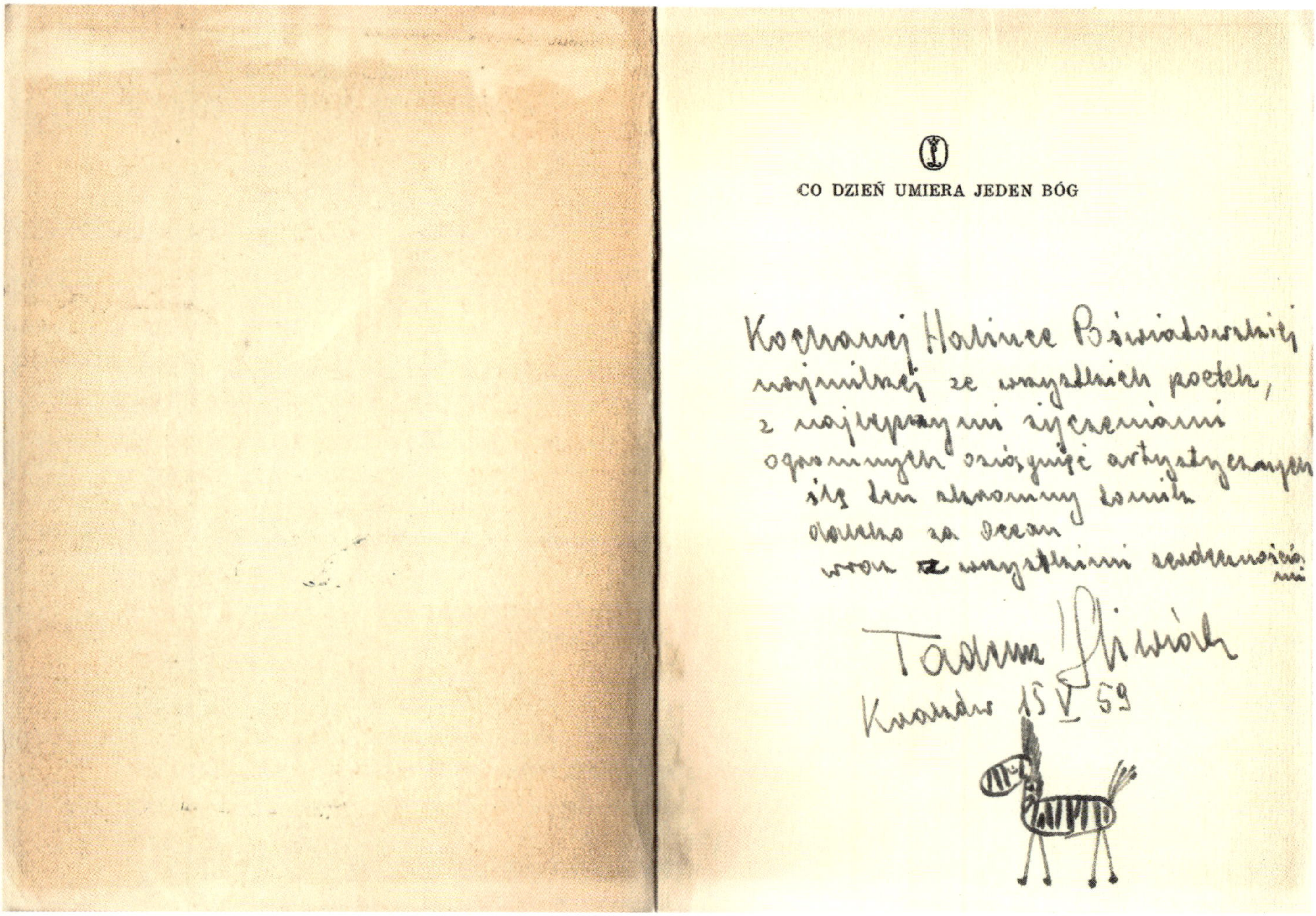

Dedykacja Tadeusza Śliwiaka

telewizyjna, koło godziny dwudziestej pierwszej piosenka została odśpiewana. W połowie prezentacji Haśka już wyła ze śmiechu, a po chwili musiałem lecieć na nocną pocztę, by nadać telegram następującej treści: „Stasiu, do jasnej cholery! Kiedy ona w końcu przestanie się rumienić?...".

Daleki jestem od twierdzenia, że cała społeczność Domu Literatów stanowiła towarzystwo wzajemnej adoracji, ale jestem gotów stwierdzić, że nawet jeśli zdarzały się konflikty, to Haśka nie brała w nich udziału, no, może z jednym wyjątkiem, a mam na myśli znajomość z Jasiem Adamskim, który z sąsiada, potem przyjaciela, w rezultacie wyawansował na osobistego narzeczonego Haśki. Owszem, bardziej konserwatywna część mieszkańców Domu Literatów zgłaszała pewne zastrzeżenia, ale chyba nie były one na tyle stanowcze, by zmienić bieg historii. To uczucie rodziło się w bólach, bo Jaś miał żonę i córkę, a będąc praktykującym katolikiem, nie dopuszczał czegoś tak niemoralnego jak rozwód.

Haśka wielokrotnie dała się w sobie zakochiwać żonatym mężczyznom, czasem nawet – przypuszczam – czerpała z tego pewną satysfakcję, ale w przypadku Jasia było inaczej. Szanując jego przekonania, początkowo udawała, że nie widzi jego zaangażowania. Napisała do Anny Orłowskiej: „Święci to twarde sztuki i ze świętymi nie tak łatwo. Święci mają kolosalne wyrzuty sumienia, gotowi są korzyć się na wszystkie cztery łapy i nigdy nie popełnią sobie czegoś śmiertelnego. Podział poprzeczny katolika. Poklęłam trochę w domu, mama śmiała się i ustaliłyśmy, że nic się tu zdziałać nie da, bo dziecię wyrosło z wieku na wpływy pedagogiczne podatnego. Wyrzuty [sumienia] zadręczyłyby go, a jeszcze przedtem mnie, jego wyrzuty oczywiście, a raczej ich manifestacja [...]. Więc ani ja się chyba w nim nie kocham, no nie mogę, bo jak, to wszystko jest za śmieszne i raczej na farsę zakrawa niż na jakąkolwiek tragedię. No, jak się tu kochać w świętym".

Trwało to jeszcze trochę, ale ponieważ dewocja była najcięższą wadą Jasia, przy braku wad innych został w końcu pasowany na narzeczonego i przyjęty do rodziny. Nie ukrywam, że z naszego – rodzinnego – punktu widzenia jego anielska dobroć i nadopiekuńczość mogły Haśce wyjść tylko na dobre.

Stosunkowo najmniej wiem o Tadeuszu Nowaku, który też przyjaźnił się z Haśką, ale ponieważ nie miałem szczęścia poznać go osobiście – z braku własnych wspomnień zamieszczam dwa listy z 1968 roku i cytat ze wspomnienia zamieszczonego w „Tygodniku Kulturalnym":

„Bo jak można było pomyśleć o pożegnaniu się z Haliną. Przecież była jedyną poetką, która w swoich wierszach wszystko witała. A powitanie swoje zaczynała od rzeczy najważniejszej, najcenniejszej w życiu człowieka, od miłości. Nikt przecież ze współczesnych poetów polskich nie umiał, nie potrafił tak pewnie, tak żarliwie pisać o rodzącym się uczuciu, o uczuciu ogarniającym do ostatniej drobiny dziewczęcą istotę. Jak myśleć można o pożegnaniu z księżniczką – trubadurem chodzącym od zamku do zamku, śpiewającym z każdej wieżyczki nieustającą »Pieśń nad pieśniami«"[28].

Osobowość Haliny Poświatowskiej, niezwykły talent i specyficzny sposób bycia – z jednej strony zjednywały jej ludzi, a z drugiej – pewnie były przedmiotem zazdrości kolegów po piórze. Natomiast jej stan zdrowia, mniej lub bardziej widoczne symptomy niewydolności serca powodowały, że nie miała naturalnych wrogów. Wielka siła intelektu w powiązaniu ze słabością ciała stworzyła wizerunek kobiety silnej, a zarazem wymagającej opieki. U ludzi, wśród których żyła, wzbudzała uczucia podziwu i współczucia jednocześnie. Niezależnie, gdzie się znajdowała, nie tylko wypełniała swoją osobowością całą wolną przestrzeń, ale wręcz rozpychała się łokciami. Czy to w domowym, czy w swym krakowskim środowisku w samoistny sposób opanowywała wszystko i wszystkich. Odkąd tylko pamiętam – Haśka wypełniała cały dom – i wcale nie mam na myśli manufaktury związanej z opracowywaniem jej wierszy, ale stan umysłów nas wszystkich. Starałem się zrozumieć, o co w tym wszystkim chodzi, aż wiele lat po śmierci Haśki zrozumiałem. Nie pamiętam już, w którym roku byłem na spektaklu w Piwnicy pod Baranami. Gdzie jak gdzie, ale tam nie można było narzekać na brak wrażeń, ale gdy w pewnym momencie na zatłoczoną i zadymioną do granic możliwości widownię weszła pani Anna Dymna, nagle wszystko pojaśniało. Publiczność przez resztę spektaklu gapiła się na panią Annę. Wtedy zrozumiałem, że Haśka też należała do tych nielicznych – obdarzonych własnym światłem, którego nie zauważałem przez szesnaście lat naszego wspólnego życia. Dla mnie Haśka była siostrą, nie umiałem patrzeć na nią jak na kobietę, poetkę, i chyba nie ma w tym nic dziwnego, ale inni to jej wewnętrzne światło musieli dostrzegać. W artykule pod tytułem *Krzywda* Stanisław Grochowiak napisał:

„Oto człowiek, który zrządzeniem absurdalnego wyroku był całym sobą obrócony w krainę cienia, pozostawił za sobą smugę światła: poezję kropel rozsypanych na włosach, rozkruszonego zioła w wądole dłoni, ptaka i obłoku. [...] Pozostawiła po sobie wielki smutek – nie ten żałobny, który mija z opadnięciem ostatnich liści z cmentarnego wieńca, nie ten uroczysty, który przywdziewamy na twarze w warcie honorowej przy trumnie poety, ale ten, który nas postarza, który odsłania nam pochmurne dziedziny naszego wspólnego losu"[29].

Kilka lat temu w trakcie wywiadu dla lokalnego radia zapytano mnie: „Jak w domu wspominacie Halinę Poświatowską?". To w sumie proste i oczywiste pytanie wprawiło mnie w zakłopotanie, bo zdałem sobie sprawę, że my jej właściwie nie wspominamy, że mówimy o niej w czasie teraźniejszym. Ona przez cały czas jest wśród nas.

[28] Tadeusz Nowak, *Wspomn[illegible] o Halinie Poświatowskiej*, „Tygodnik Kulturalny" 196[illegible], 26 listopada.

[29] Stanisław Grochowiak, *Krzywda*, „Kultura" 1967, 29 października.

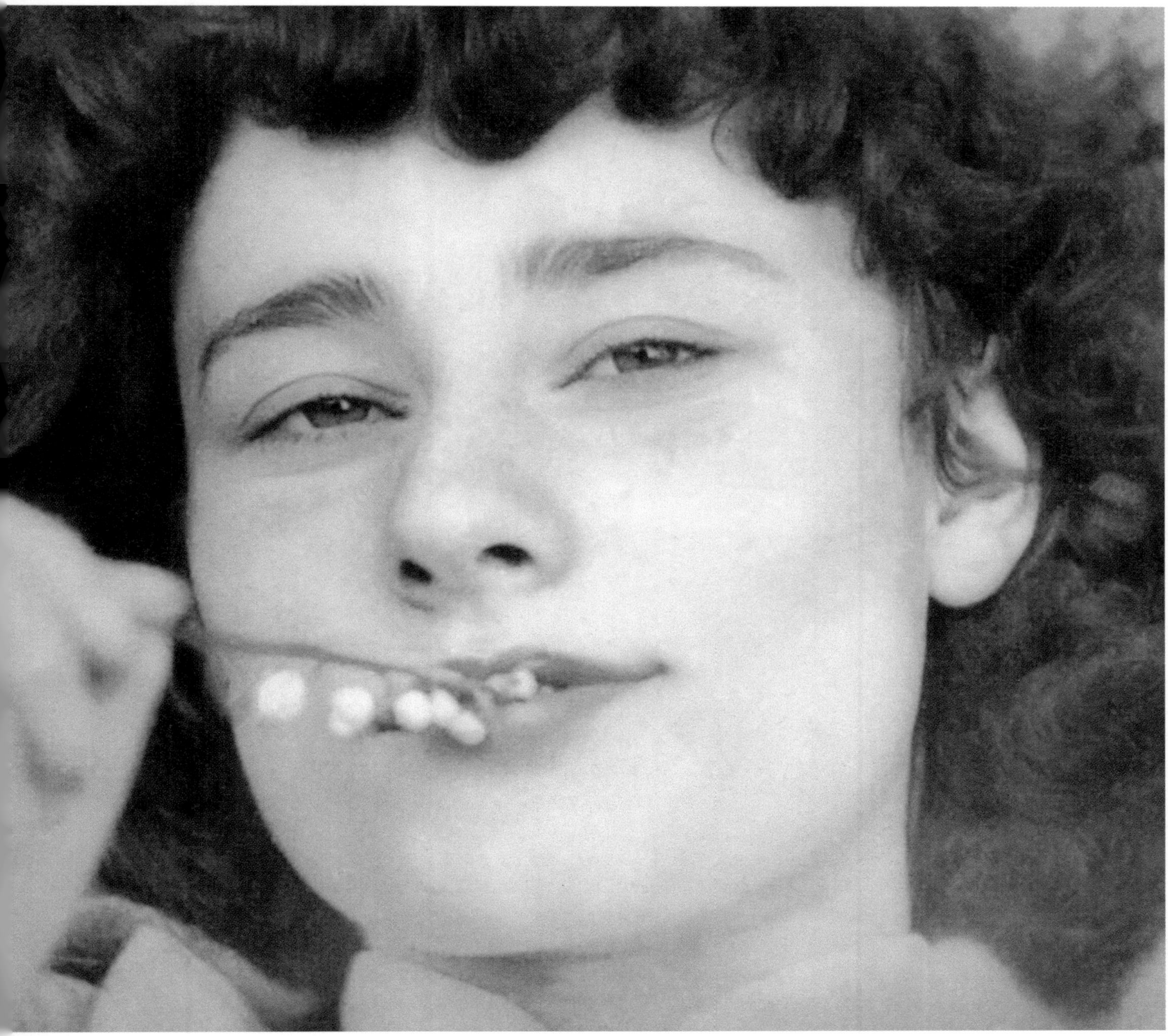

Niedługo po ślubie, 1954

Dom Poezji – Muzeum Haliny Poświatowskiej

Do stworzenia scenariusza wystawy poświęconej życiu i twórczości Haliny Poświatowskiej dyrekcja muzeum zaprosiła panią profesor Elżbietę Hurnikową - zatrudnioną w Akademii Jana Długosza w Częstochowie, od wielu lat związaną ze środowiskiem naukowym i kulturalnym naszego miasta.
W roku 2006 pani profesor opublikowała książkę *Z częstochowskiej ziemi na „literacki Parnas"*, poświęconą czterem poetom wywodzącym się z regionu częstochowskiego, a mianowicie Władysławowi Sebyle, Jerzemu Liebertowi, Bogumile Marjańskiej i Halinie Poświatowskiej. We wstępie do swojej książki autorka pisze: „Sprawą istotną w przypadku niektórych poetów okaże się kondycja fizyczna i psychiczna, która niejednokrotnie warunkuje tematykę pisarstwa, znaczące motywy, metaforykę. Niektóre postacie otoczone są legendą, jak choćby Liebert i Poświatowska, ze względu na przedwczesną śmierć i erupcję twórczości związaną z trudną i heroiczną walką z chorobą, czy Sebyła uosabiający mit narodowy. A legenda, choć mitologizuje postać oraz dzieło i skazuje je czasem na schematyczny odbiór, jednocześnie utrwala poetycką sławę autora"[30].

[30] Elżbieta Hurnikowa, *Z częstochowskiej ziemi na „literacki Parnas"*, Częstochowa 2006, s. 12.

W scenariuszu wystawy należało uwzględnić związki twórczości Poświatowskiej z jej życiorysem i udokumentować je odpowiednim doborem eksponatów. Problemem stało się przypisanie funkcji poszczególnym pomieszczeniom przeznaczonym do zagospodarowania. Jedno z trzech pomieszczeń musiało spełniać funkcję sali audiowizualnej przystosowanej do prelekcji, odczytów, recytacji, a nawet prezentowania małych form teatralnych. Dwa pozostałe pomieszczenia przeznaczone zostały na ekspozycję pamiątek i wydawnictw.
Wśród pamiątek dokumentujących życie poetki znalazły się zdjęcia samej Poświatowskiej i ludzi z nią związanych, dokumenty osobiste, pisma związane z wyjazdem do USA, dyplomy, umowy wydawnicze, zeszyty, a nawet elektrokardiogram z charakterystycznym zapisem pracy jej chorego serca.
Ekspozycja została podzielona na sześć charakterystycznych okresów:
• lata 1935-1950 - okres dzieciństwa i wczesnego stadium choroby,
• lata 1954-1956 - pamiątki związane z małżeństwem Haliny z Adolfem Poświatowskim,

Sala pamiątek - zdjęcia, dokumenty, listy, 2008

- lata 1958-1959 – wyjazd do Stanów Zjednoczonych i operacja,
- lata 1959-1961 – nauka w Smith College,
- lata 1961-1964 – okres pobytu w Krakowie obejmujący studia na Uniwersytecie Jagiellońskim, pracę w charakterze asystenta na Wydziale Filozoficzno-Historycznym UJ oraz przygotowania do pracy doktorskiej,
- lata 1964-1967 – pobyt w Jugosławii, stypendium w Paryżu, ostatni okres życia.

Całość wystawy dopełnia obraz pędzla Adolfa Poświatowskiego *Akt z kotem*, kolaż *Juliusz Cezar* (przywieziony przez Poświatowską z USA) i maszyna do pisania marki Olympia (również kupiona w USA).
Wystawie towarzyszy odgłos chorego serca, a na jego tle nagranie – jedyne zachowane z głosem Haliny – dwóch wierszy w wykonaniu autorki pochodzące z roku 1958, wykonane w Stanach Zjednoczonych tuż przed operacją serca.

W sali poświęconej twórczości Haliny Poświatowskiej wyeksponowane są pierwsze wydania tomów wierszy, wydawnictwa zagraniczne i książki nietypowe, w tym bibliofilskie wydanie pod tytułem *Ogień zielonych księżyców*, drukowane na ręcznie czerpanym papierze, oprawione w prawdziwy jedwab i nasączone perfumami.
Uznaliśmy, że koniecznie na wystawie musi znaleźć się również pierwsze wydanie pirackie pod tytułem *Rozcinam pomarańczę bólu*.
Jednak najważniejsza w muzeum poświęconym poetce powinna być jej twórczość. Autorka scenariusza dokonała wyboru wierszy, natomiast pomysłodawczynią nietypowego sposobu ekspozycji jest moja siostra, Teresa Małgorzata Porębska. W twórczości Poświatowskiej jest wiele wierszy inspirowanych dziełami sztuki. Będąc w Stanach Zjednoczonych, mieszkała przez kilka miesięcy u swojej przyjaciółki Caroline Karpinski, która pracowała w Metropolitan Museum of Art. Halina spędzała tam wiele czasu.
Wizyty te zaowocowały wierszami pisanymi na temat obrazów i rzeźb. Podobnie w czasie pobytu w Paryżu powstały wiersze inspirowane sztuką. Połączenie wierszy z obrazami daje niezwykły efekt wizualny, ponadto wskazuje na związki między literaturą i malarstwem w twórczości Haliny Poświatowskiej.
Na ekranie w sali audiowizualnej prezentowane są portretowe zdjęcia Haliny, w dużym powiększeniu, a prezentacja dopełniona jest nagraniami piosenek skomponowanych do jej tekstów.

Sala audiowizualna, 2008

Poezja towarzyszy zwiedzającym od samego wejścia do budynku. W korytarzu, będącym pomieszczeniem niezbyt korzystnym dla potrzeb ekspozycyjnych, na ścianach umieszczone są plansze z najbardziej znanymi utworami. Eksponaty w muzeum opatrzone są jedynie komentarzem pochodzącym od samej Poświatowskiej. W gablotach umieszczono cytaty z autobiograficznej powieści *Opowieść dla przyjaciela*.

Eksponujemy wiele dokumentów pisanych ręką Poświatowskiej, jednak uważaliśmy, że nie powinniśmy wystawiać oryginalnych rękopisów wierszy. W przyszłości zostaną zeskanowane i udostępnione zwiedzającym w formie albumu.

Wykonanie aranżacji wystawy powierzono Tadeuszowi Koseli i Włodzimierzowi Karankiewiczowi, pracownikom Wydziału Malarstwa Akademii Jana Długosza. Artyści przystąpili do poszukiwania koncepcji wystawy. W rozmowach przewijał się nawet pomysł odtworzenia jej warsztatu pracy, ale z oczywistych względów nie nadawał się do realizacji – Halina pracowała w łóżku w półsiedzącej pozycji, obłożona poduszkami. Ponadto wiele podróżowała. Przemieszczała się między Krakowem a Częstochową, jeździła do sanatoriów, pracowała zawsze i wszędzie, tak więc jej warsztat był czymś właściwie niematerialnym.

Ostatecznie artyści zdecydowali się na stworzenie wystroju nietypowego. Pomieszczenia muzeum miały się stać kontynuacją ogrodu, stąd pomysł na sposób dekoracji ścian, przypominający motyw roślinny, natomiast kolory narzuciła sama Poświatowska – „Jedynymi oazami czystych kolorów w mieście są muzea. To tutaj zamknięto złoto i czerwień, obwarowane grubymi murami i zastępem czujnych dozorców, świecą tak samo jak kilkaset lat temu. Rozedrgane kolory mówią: czerwień o krwi i o pożarze serca, głęboki błękit o wierności i bólu. Kolorowe draperie w harmonijnych fałdach zastygły wokół zgiętych cierpieniem postaci, po nieruchomych twarzach toczą się błękitne łzy. Krew prawdziwymi kroplami przywiera do czoła, krzepnąca krew cienką strużką sączy się z boku"[31].

Właśnie te kolory – czerwień i złoto – dopełnione zielenią ogrodu odgrywają dużą rolę w aranżacji plastycznej – „barwy, które wiążą się z problematyką życia, miłości, trwania, zyskując znaczenia symboliczne"[32].

Korytarz pomalowano na kolor żółtozłoty. Na wprost wejścia umieszczono zdjęcie Haliny Poświatowskiej naturalnej wielkości. Po bokach plansze z wierszami – tymi, które nawet mało wytrawnym znawcom poezji od razu kojarzą się z Poświatowską. U góry tekst jest wyraźny, pisany dużą czcionką. Dalej staje się mniejszy, litery jakby przezroczyste, w końcu zanikają. Wydaje się, że autorzy aranżacji w ten sposób chcą zachęcić czytelnika do bliższego spotkania z twórczością Poświatowskiej.

Pokój poświęcony biografii poetki – pomalowany na czerwono – zachowuje charakterystyczny motyw roślinny. Kolor czerwony dominuje. Okno przesłonięte półprzezroczystymi siatkami, które zwieszają się luźno od sufitu do podłogi, również pomalowanej na czerwono. Na siatkach nadrukowano zdjęcia Poświatowskiej, stanowiące ilustracje wierszy zamieszczonych poniżej. Zdjęcie z kotem w ogrodowej altanie opatrzone jest wierszem

[31] Halina Poświatowska, *Opowieść dla przyjaciela*, Kraków 2014, s. 165.

[32] Elżbieta Hurnikowa, *Dom Poezji Muzeum Haliny Poświatowskiej*, Częstochowa 2007, s. 11.

Gablota z pierwszymi wydaniami dzieł Poświatowskiej, 2008

Rekolekcje dla kota, a ilustracja do utworu *** (Odkąd cię poznałam noszę w kieszeni szminkę...) przedstawia Halinę przed lustrem ze szminką w dłoni. Motyw zanikającego tekstu stosowany jest konsekwentnie na wszystkich wydrukach.

Sześć – oczywiście czerwonych – gablot wypełniają zdjęcia, dokumenty, listy. Znalazł się tam również plan Nowego Jorku, który zawsze wisiał nad jej łóżkiem (nawet w Polsce). Zawartość gablot dokumentuje przenikające się etapy życia w sposób niekoniecznie chronologiczny, ale zamykający poszczególne epizody w logiczną całość. „(...) trzy pokoiki zrobiły się zadziwiająco przestronne. I to pomimo zastosowania w jednym z nich – dokumentującym życie Poświatowskiej – czerwonej kolorystyki ścian. We wszystkich pomieszczeniach pojawiły się desenie roślinne – subtelne i romantyczne. Najciekawszym jednak pomysłem okazały się zapowiadane efekty trójwymiarowości. Dla zdobycia dodatkowej powierzchni, przy wykorzystaniu światła, okna pomieszczeń i część ścian zasłaniają ekrany z włókniny, na których wydrukowano fotografie i teksty poetyckie. Idącemu przez wystawę widzowi przenikające przez ekrany światło i desenie ścian dają złudzenie poruszania się obrazów"[33].

[33] ...adeusz Piersiak, *Poświatowskiej ...zent urodzinowy*, „Gazeta ...borcza" 2007, 10 maja.

[34] ...żbieta Hurnikowa, *Dom Poezji – ...zeum Haliny Poświatowskiej*, ...stochowa 2007, s. 12.

Pozostałe dwie sale – poświęcona twórczości Haliny Poświatowskiej i audiowizualna – pomalowane są na zielono. Wydawnictwa książkowe wyeksponowano w dwóch gablotach, oddzielnie wydania polskie i obcojęzyczne. Dzieła Haliny Poświatowskiej znajdują nowych czytelników. Do wyżej wspomnianych gablot dołączyła trzecia zawierająca najnowsze wydania wierszy w języku perskim, bułgarskim, włoskim i ukraińskim. Mam nadzieję, że niebawem do kolekcji dołączy książka w języku białoruskim i drugi tom wierszy w języku perskim.

Oprócz dzieł poetki na wystawie znalazły się pozycje o Poświatowskiej: Jana Pieszczachowicza *Walka z niebytem* i Izoldy Kiec *Halina Poświatowska*.

W sali audiowizualnej brak jest eksponatów. Na oknach i ścianach wiszą wspomniane siatkowe wydruki skomponowane z wierszy i obrazów.

„Na ekranie w drugiej sali – zielonej – prezentowane są w dużym powiększeniu różne ujęcia fotograficzne twarzy Haliny Poświatowskiej. W muzeum można także usłyszeć jej głos oraz piosenki do tekstów poetyckich. Wszystkie elementy ekspozycji – literackie, plastyczne, dźwiękowe – oddają istotę osobowości twórczej poetki i jej liryki"[34].

Prezentacja muzyczna obejmuje pięć utworów skomponowanych przez Andrzeja Kurylewicza na zamówienie Zofii Kucówny i Adama Hanuszkiewicza. Stanowiły one ilustrację muzyczną do filmu *Rozsiewane wiatrem*, nakręconego w 1970 roku. W muzeum prezentowane są w wykonaniu Wandy Warskiej, Magdy Umer i Haliny Wyrodek.

Zbigniew Myga

Wejście do muzeum, 2008

Karolina Suchanek, fragment projektu identyfikacji wizualnej dla Muzeum Haliny Poświatowskiej w Częstochowie z pracy dyplomowej autorki

Marta Frej, fragment kalendarza miejskiego na rok 2016 przedstawiającego słynne częstochowianki

Irena Prus Mścichowska, portret poetki

Maria Ogłaza, portret poetki pastelem

Krystyna Orzechowska, portrety poetki ołówkiem

W Kobierzynie, 1957

Szanowny Panie!   Częstochowa 15.XI.1968 rok

Tak zupełnie niespodziewanie dla samej siebie, postanowiłam napisać do Pana, nie śmiałam bowiem, a nawet i nie miałam czasu, aby porozmawiać z Panem zaraz po zakończonym wieczorze literackim... Czytam Pana książkę, " A jak królem..." i bardzo żałuję, że dopiero w tej chwili tę książkę Pan wydał. To jest rzecz urzekająca i wiem, że Haśka byłaby mojego zdania, gdyby... Oczywiście, jak zwykle, jak zawsze, gdy mam coś dobrego, ciekawego, czy pieknego, pierwsza myśl, to powiadomić Ją o tym... potem refleks i... gorzki zawód, że nie można...

Chciałabym, proszę niech się Pan nie dziwi, ale chciałabym wiedzieć, jakie Pan wyniósł wrażenie słuchając wypowiedzi pana Kurczaba, pana Sprusińskiego, czy listu prof. Aleksandrowicza. To dla mnie ważne. Zastanawiam się, czy udałoby się pokazać Haśkę taką, jaką była na prawdę... Tylko, chyba, że zdaję sobie sprawę, że każdy z nas znał inną Haśkę, i... chyba w końcu to jest niemożliwością. Słuchając pana Sprusińskiego, omal nie wyrwałam się z poprawką... Wiem, że czytała Różewicza, że znała Jasnorzewską, ale uwielbiała Gałczyńskiego, Tuwima, Villona, Baudelairea, Puszkina i nade wszystko Garcię Lorcę.W Ogóle kochała poezję, wiersze w Jej życiu były tylko koniecznością, której się trochę wstydziła, którą traktowała po macoszemu, ale bez której mimo zaklęć i tysiącznych wyrzeczeń, nie mogła żyć. Pisała dla siebie i... wierzę w to, że gdyby żyła na bezludnej wyspie, wypisawałaby je na piasku nadmorskim, nie troszcząc się o to, że pierwsza fala je zetrze.

Rozgadałam się, proszę mi wybaczyć, to wszystko z zazdrości, że Ona nigdy już nic nie napisze, że nigdy nie przeczyta " A jak królem, a jak katem będziesz ". Poproszę Małgorzatkę, żeby zabrała mój egzemplarz do Krakowa i poprosiła o autograf dla mnie. Chyba Pan będzie tak dobry!?   Kończąc, łączę serdeczne pozdrowienia.

A. Mygowa

Kraków, 20.XI.1968r.

Wielce Szanowna Pani,

serdecznie się wzruszyłem Pani listem. Tym bardziej dziękuję za dobre słowo o mojej książce. Pisałem ją długo i cierpliwie o ludziach, których znałem z dzieciństwa, którzy od nas odeszli. Był to niejako dług wdzięczności. Musiałem ten dług spłacić. Inaczej źle bym się czuł.

Zawsze mamy takie długi. Wydaje się nam, że już je spłaciliśmy. Ale chyba tylko tak się nam wydaje. Mamy je zwłaszcza w stosunku do tych, których już nie ma wśród nas, których coraz wyraźniej pamiętamy z upływem czasu. Pamięć ta jest tym wyraźniejsza, gdy się tych ludzi zapamiętało w dzieciństwie.

Piszę o tym, bo wydaje mi się, że każdy z nas znających Halinę, będzie Ją pamiętał inaczej. Zależnie od tego, kiedy, jak i w jakich okolicznościach Ją poznał. Jedynie Pani nie musi Jej pamiętać. Halina Była cząstką Pani i pozostanie. A przecież tak jest, że najlepiej zna się siebie.

Najbardziej na tym wieczorze poświęconym pamięci Haliny wzruszyła mnie Irena Jun. Chyba Halinka byłaby szczerze uradowana słysząc swoje wiersze mówione tak pięknie i tak prosto i tak dziewczęco. Kurczab Starał się narysować ludziom sylwetkę Halinki. Wydaje mi się, że częściowo mu się to udało. Może tylko w tym jednym powtarzającym się jak refren zdaniu o tym cieniu za plecami Haliny. Sprusiński „bił" się przez cały czas o Halinę żywą, o Jej poezję w najpierwszym odczuciu. A sprawa wpływów to już rzecz drugorzędna. Krytycy mają to do siebie, że im łatwiej mówić o czyjejś poezji, jeśli ją porównają z kimś. Często, czytając recenzje, mam wrażenie, że krytycy nawet Homerowi, nawet autorowi, czy też autorom Biblii znaleźliby poprzedników.

Przed wieczorem byłem u profesora Aleksandrowicza. Biedaczysko męczył się przez kilka dni pisząc ten list. Pani wie, że profesorowi zawsze z wielkim trudem szło pisanie. Poza tym Profesor chyba nigdy nie będzie mógł mówić o Halince jako o kimś, kto od nas odszedł. Ona jest ciągle w nim, w jego klinice, w jego domu. Stąd też i ten list o skróconym oddechu, z podtekstem, z ogromną ilością niedopowiedzeń. Do tej pory Profesor ma wyrzuty sumienia. Wydaje mu się, że może powtórna operacja udałaby się w Stanach Zjednoczonych. Chociaż myśląc logicznie było to niemożliwe.

Wydaje mi się,że w sumie wieczór wypadˉ bardzo dobrze.Wszyscy zresztą odnieśli takie wrażenie.W każdym razie w jakiejś cząstce ocalono pamięć Halinki,Jej postać,przez gˉos Junówny Jej gˉos. Ogromnie się ucieszyˉem,że na wieczorze byˉo tak dużo mˉodzieży. To znaczy,że wiersze Halinki są lubiane,że się je czyta,że się o nich pamięta,że ktoś czytając je wzrusza się i myśli o swoich przeżyciach.A to przecież niezmiernie ważne.W ten sposób Halinka żyje wielokrotnie w tych wszystkich,którzy lubią Jej wiersze.Szkoda tylko,że Wydawnictwo daˉo Jej tomik w tak maˉym nakˉadzie.Sądzę,że 10.000 egz. rozeszˉoby się bardzo szybko.Ale to jest do naprawienia.

Posˉaˉbym Pani moją ostatnią książkę,żeby nie trudzić Maˉgosi ale mam tylko jeden egzem.

Jeszcze raz serdecznie Pani dziękuję za list

Ukˉony najmilsze dla Pani i dla Maˉgosi

Tadeusz Nowak

Tekst: **Kalina Słomska**, **Zbigniew Myga**
Projekt graficzny i ilustracje: **Lech Majewski**
Redakcja: **Maria Płażewska**
Współpraca redakcyjna: **Sabina Florczak**
Korekta: **Beata Kowalczyk**

Cytaty wierszy Haliny Poświatowskiej zawarte w podpisach pochodzą z tomu:
Halina Poświatowska, *Wszystkie wiersze*, Wydawnictwo Literackie, Kraków 2015;
wybór Kalina Słomska:
s. 26 - *Taki list*, s. 211
s. 30 - *** [jeśli zechcesz odejść ode mnie...], s. 329
s. 65 - *** [zgarnij mnie oczyma...], s. 254
s. 66 - *** [jakiej czułości trzeba powiedz...], s. 452
s. 67 - *** [frunął okręt...], s. 546
s. 75 - *** [czekać na ciebie...], s. 167
s. 76 - *** [z kwiatów jestem...], s. 234
s. 100 - *** [jakiej czułości trzeba powiedz...], s. 452

Inne cytowane dzieła:
s. 88 - Rafał Olbiński, *Ślub* [w:] tegoż, *Baśnie o miłości i innych dziwnych przypadkach*, Wydawnictwo MUZA, Warszawa 2014.
s. 104 - Wisława Szymborska, *Autotomia* [w:] tejże, *Poezje*, Wydawnictwo Literackie, Kraków 1989.

Fotografie
[g - górne, ś - środkowe, d - dolne, l - lewe, p - prawe,
gl - górne lewe, gp - górne prawe, dl - dolne lewe, dp - dolne prawe]

Julian Aleksandrowicz s. 99, 116
Henry L. Fiodorowicz s. 10, 11, 27, 35, 48d, 51, 56, 74, 75, 87, 101
Przemysław Januszko s. 110, 111, 112
Bartosz Kędziora s. 45
Stanisław Krakowiak s. 7, 17, 30, 37, 40, 58, 62, 65, 66, 67, 76, 98, 100, 102
Joanna Myga s. 21, 49g
Zbigniew Myga s. 23d, 25p, 46, 48g, 49d, 57g, 63g, 64l, 72g, 90, 91, 113
Małgorzata Porębska s. 4, 5, 23g, 64p
Adolf Poświatowski s. 6, 14, 31, 47g, 68, 109
Archiwum rodzinne s. 8, 15, 16, 22, 25l, 36, 47d, 50, 57d, 63ś, 63d, 72d, 73d, 82, 83, 84, 85gl, 85p
Autor nieznany s. 26, 34, 38l, 85dl

Przygotowanie do druku: **Studio Kolor**, Rudna Mała
Druk: **Drukarnia Read Me**, Łódź
Printed in Poland

Wydanie pierwsze
Olszanica 2016

ISBN 978-83-7576-303-4

BOSZ
Wydawca: BOSZ
38-722 Olszanica 311
Biuro: ul. Przemysłowa 14, 38-600 Lesko
tel. + 48 13 469 90 00, + 48 13 469 90 10
tel./faks + 48 13 469 61 88
e-mail: biuro@bosz.com.pl
www.bosz.com.pl

Kalina Słomska - spokrewniona z poetką dziennikarka radiowa, autorka wielu audycji radiowych dla dzieci i młodzieży oraz programu *Kalina Słomska - Kulturalnie*. Ostatnio związana z krakowskim radiem Rock Serwis FM.

Zbigniew Myga - młodszy brat poetki, absolwent Politechniki Częstochowskiej i podyplomowych studiów z zakresu antropologii kultury na Uniwersytecie Jagiellońskim. Kustosz Muzeum Haliny Poświatowskiej w Częstochowie.

Specjalne podziękowanie
dla Pani Marty Frej, Pani Marii Ogłazy i Pani Karoliny Suchanek za udostępnienie swoich prac do niniejszej publikacji.
Ogromne podziękowanie dla Przemka Taranka z krakowskiego oddziału Radia Zet za pomoc w sytuacjach ekstremalnych.
Najpiękniejsze podziękowania dla naszych najbliższych i przyjaciół za serce, uśmiech i przypinanie skrzydeł w trudnych momentach.
Autorzy